독재의 법칙

독재의 법칙

민주주의를 위협하는 탐욕과 배신의 정치사

지은이 한병진

1판 1쇄 펴냄 2021년 9월 8일

펴낸곳 곰출판

출판신고 2014년 10월 13일 제2020-000068호
전자우편 walk@gombooks.com

전화 070-8285-5829

팩스 070-7550-5829
ISBN 979-11-89327-13-2 03340

* 이 연구는 2018년도 계명대학교 비사연구기금으로 이루어졌습니다.

독재의 법칙

민주주의를 위협하는
탐욕과 배신의 정치사

한병진

대부분의 사람들은 이기적이고 질투심도 강하고 의심도 많다. 그래서 매일 누군가와 갈등하고 헤어지기를 반복한다. 그런 우리가 한 사람에게는 절대복종한다. 어떻게 이런 일이 가능할까? 독재의 칼날에 죽어간 이들은 왜 미리 똘똘 뭉쳐 맞서지 못했을까? 정치판에서 권모술수로 잔뼈가 굵은 노老엘리트들은 어쩜 그렇게 순진했을까?

무임승차하려는 다수의 이기심 때문에 민주, 자유, 인권 같은 이른바 대의를 위해 개개인의 희생이 따를 수밖에 없는 민중 봉기를 조직하기 어렵다면, 한두 명의 결의에 찬 용감한 자나 혹은 울분에 찬 성난 자가 앞장서서 독재자를 암살할 수도 있지 않을까? 그런데 오랫동안 집권한 독재자는 대부분 침상에서 편안히 죽음을 맞이한다. 제아무리 위세 등등한 독재자라도 우리와 마찬가지로 총알 한 방이면 목숨을 잃게 되는데도 말이다. 그렇다면 독재자는 어떻게 총을 든 경호원 수십 명을 자기 주변에 세워두고 편히 잠을 잘 수 있을까? 절대 권력의 개인독재는 이렇듯 수많은 질문을 우리에게 던진다.

독재에 관한 이야기는 부담스럽다. 성공한 독재자는 누구보다 속임수에 능한 자다. 독재의 조력자는 비열한 출세주의자거나 순진한 몽상가다. 그런 이들이 세상을 지배한다는 것만큼 우리를 우울하게 만드는 것도 없다.

한편, 세상에 나쁜 소식을 전하는 이들은 좀처럼 인기가 없다. 나쁜 소식 그 자체에 전달자의 이미지마저 나빠진다. 미국에서 날씨가 좋지 않은 지역의 방송국 기상 캐스터는 주민들 우산에 맞기도 한다. 사약을 내린 자와 그저 들고만 간 자를 구분하지 않고 모두 처벌하는 폭군의 정신세계가 이상한 게 아니다. 나쁜 날씨를 일기예보 담당자 탓으로 돌리는 세상에서, 적나라한 현실을 말하는 이를 멀리하고 싶은 마음을 단순히 정치적 무관심으로만 돌릴 수는 없다.

그래서일까? 이 세상에는 독재자보다 영웅의 이야기가 훨씬 많다. 독재에 조력하는 인간 군상보다 저항하고 희생하는 영웅담을 더 선호한다. 권력욕에 가득 찬 무자비한 폭군 옆에 붙어 있는 간사한 모사꾼과 순진한 가담자의 이야기가 지친 일상에 어떤 도움이 될까? 나 역시 복수활극을 펼치는 강호의

무사가 아니라 치유자이고 싶다. 그렇지만 진정한 치유는 스토아적인 수용에 있다. 시커먼 먹 한 방울이 곧 물통 전체에 고루 퍼지는 엔트로피 증가의 법칙처럼, 부당한 지배와 권력 남용이 사회의 자연적 경향임을 인정할 필요가 있다. 슬프게도 정의 구현은 깨끗한 물처럼 늘 불안한 상태다.

마키아벨리는 그때도 맞고 지금도 맞다. 정치는 싸움이다. 독재정치는 더욱 그러하다. 정치를 (성공적으로) 행하는 자는 당위를 이용할 뿐이다. 당위와 현실을 혼돈스럽게 오가며 신속하게 태세를 전환한다.

개혁 정치를 꿈꾼 공자의 좌절과 고뇌는 전혀 이상하지 않다. 공자가 구분하는 소인과 군자는 현실 정치와 이상의 대비처럼 느껴진다. 군자는 의견, 호불호, 판단을 일치시키려 하지 않고 파당을 지어 몰려다니지 않는다. 하지만 불행히도 힘의 논리가 지배하는 정치에서는 동이불화同而不和, 비이불주比而不周하는 편협한 파당의 무리인 소인 집단이 화이부동和而不同, 주이불비周而不比하는 공평무사한 군자를 이긴다. 군자를 보지 못했다는 공자의 한탄이 이상하지 않다. 군자는 정치 무대에서 쓸쓸히 퇴장당하는 집단이다. 춘추시대 굴원屈原은 〈어부사漁父詞〉에서 군자보다 더한 고결함으로 아래와 같이 한탄한다.

차라리 상강湘江에 가서 물고기 뱃속에 장사 지낼지언정 어찌

희고 깨끗한 몸으로 세속의 먼지를 뒤집어쓸 수 있겠소.

寧赴湘流 葬於江魚之腹中 安能以皓皓之白 而蒙世俗之塵埃乎.

굴원의 슬픈 운명처럼 이런 고결한 태도는 독재정치에서 패배의 지름길이다. 게다가 폭정의 피바람에 소소한 삶 역시 불가능하다. 세상과의 타협을 종용하는 어부의 조언에 한발 더 나아가 더러워진 물에 발뿐 아니라 갓끈도 씻어야 한다. 어쩌면 머리마저 감아야 할지 모른다. 정치도 인생도 목적지를 향해 거침없이 진군하는 행진이 아니라 음악과 상대에 맞추어야 하는 춤에 가깝다. 이도 저도 싫으면 강물에 몸을 던지지 말고 그냥 산으로 숨어버려야 한다. 공자는 허락하지 않았지만 말이다.

《논어》〈미자微子〉 편에서 공자는 "사람이 어찌 산짐승들과 어울려 살 수 있는가"라고 제자를 타이르면서, 어렵더라도 세상에 나아가 정치를 해야 한다고 설득한다. 그러면서 공자는 "도가 땅에 떨어진 세상에서는 행동은 근엄하게 하되 말은 겸손해야 한다邦無道 危行言孫"고 조언한다. 스탈린 시대를 살았다면 공자의 이 생각이 어떻게 바뀌었을지 궁금하다.

독재자의 동상이 많아지고 커질수록 정치의 비열함은 더욱 심해진다. 독재정치에서 대세를 추종해야 한다고 압박받는 개인이 주체적이고 도덕적으로 움직일 수 있는 운신의 폭은 거의 없다. 생각을 없애거나 아니면 생각 없는 척이라도 해야 한다. 배신당한 혁명의 운동가는 정치꾼으로 타락하고, 열정은 광기에서 냉소로 기분 나쁘게 차가워진다.

이런 독재정치에 법칙이 있을까? 어쩌면 독자 여러분은 독재정치에 대해 이미 잘 알고 있다고 생각할지도 모르겠다. 독재가 나쁘다는 규범적 판단은 명확하고, 우리는 휴전선 너머 북한 이야기를 매일 여기저기서 전해 듣고 있다. 우리가 독재에 익숙한 건 맞다. 그런데 익숙하면 잘 안다고 착각한다. 예컨대 자전거를 한번 그려보자. 많은 이들이 무심코 앞바퀴와 뒷바퀴에 자전거 체인을 연결하여 그린다. 하지만 이런 자전거는 핸들을 조정할 수 없다. 잘못 그린 그림처럼 답이 빤하다고 생각한 질문에 우리는 때로 말문이 막힌다.

북한의 김일성과 그의 아들, 손자의 권력은 절대적이다. 누군가 손을 들고 질문한다. 왜 그렇습니까? 힘이 세니까 힘이 세다는 동어반복을 넘어 어떻게 답할 것인가? 운동 능력이 뛰어나고 날쌘돌이라서? 인품이 훌륭해 모두가 존경해서? 솔방울로 수류탄을 만들고 나뭇잎을 타고 강을 건너는 기적을 행했기 때문에? 과연 희대의 독재자 소련의 스탈린은 엄청난 격투기 실력을 갖추었을까? 사담 후세인은 권투를 잘했을까? 정적을 자신의 주먹으로 샌드백처럼 때렸다는 우간다의 이디 아민Idi Amin처럼 실제 권투선수인 이도 있으나 대부분의 독재자는 신체적 능력이 그리 뛰어나지 않다. 흡연과 고도 비만으로 숨을 헐떡이는 김정은이 훨씬 전형적이다.

어떻게 한 사람이 그런 절대 권력을 누릴 수 있는지, 이에 답하기란 만만치 않다. 정해진 규칙과 제도를 중심으로 작동하는 현대 민주주의 정치 과정에 대한 편향된 관심은 서양의 마키아벨리, 동양의 한비자가 기만과 배신의 권력투쟁을 분석의 중심에 두었던 전통과 크게 대비된다. 노벨 경제학 수상자마저 누구와도 권력을 나누어 갖지 않고 한 개인이 권력을 독점하는 개인독재를 그냥 기현상으로 제쳐버린다.[1]

만약 막다른 골목에서 뒤뚱거리며 걸어오는 독재자와 단둘이 마주한다면 건장한 젊은이는 혼자서 손쉽게 제압할 수 있으리라 생각할 것이다. 그런 인물을 왜 우리는 그토록 두려워할까? 실수로 김정은보다 한발 앞서 걷다가 화들짝 놀라 뒤로 황급히 물러서는 당시 실세 중의 실세인 북한 노동당 조직지도부의 황병서처럼 말이다. 이는 이 책이 근본적으로 풀고자 하는 질문이기도 하다.

우리는 부당한 세상을 보며 화무십일홍이라 자위한다. 불교에서 모든 것은 변한다는 불변의 진리 앞에서 인생무상을 설파하듯, 권력의 부당함에 분개하는 이들은 곧 지고 마는 아름다운 꽃에 독재 권력을 비유한다. 불행히도 희망사항이다. 절대 권력은 절대 부패한다지만, 부패는 권력 유지를 도울 뿐이다. 오히려 반부패가 독재자에게 독이 되어 돌아온다. 절대 권력자 대부분은 침상에서 안락한 최후를 맞이한다. 살아 있는 동안 수많은 악행과 동물적인 패악질에도 불구하고 그들은 모두의 (위선적인) 존경과 (거짓) 눈물 속에서 생물학적 최후를 맞이한다.

누군가는 연산군의 운명을 떠올릴지도 모르겠다. 연산군은 자신의 권력을 오판한 인물이다. 뒤에서 자세히 다루겠지만 태생적으로 조선은 왕도정치를 설파한 종교 차원으로 격상된 유교와 다양한 견제 장치 등에 힘입어 큰 틀에서 왕권과 신권이 균형을 이루었다. 연산군의 실책은 이를 미리 조심스럽게 뜯어고치지 않고 오만방자하게 과욕을 부린 결과다. 어중간한 독재가 흔들리지, 지존은 무상하지 않다. 왜 그럴까?

우리를 망연자실하게 하는 사건에는 그에 걸맞은 거대한 원인과 음모가 있어야 한다고 믿는 것처럼, 독재자에게는 그 권력에 버금가는 (긍정적) 능력이 있다고 추정한다. 그래야 자신의 무기력과 절대복종을 스스로 납득할 수 있다.

그렇지만 한비자는 세勢를 높은 절벽 위의 굽은 소나무에 비유한다. 그의 눈에 권력은 허허벌판에 우뚝 선 낙락장송이 아니다. 과연 김일성과 박헌영 중 누가 더 인간적으로 매력적일까? 스탈린과 트로츠키, 카스트로와 체 게바라는? 세기의 라이

벌을 떠올려보면 독재 권력과 카리스마 사이에 상관성은 그리 강하지 않은 것 같다. 오히려 약간은 반비례인 듯하다. 자리가 사람을 만든다는 속설이 좀 더 타당해 보인다.

독재정치를 자세히 관찰하면 독재의 조력자들 역시 많은 의문을 남긴다. 상위 0.1%의 자리에 오를 만큼 영리하고 끈덕진 엘리트라면 미리 독재자의 손발을 (강하게) 묶어두었어야 마땅하다. 나중에 살펴보겠지만 조선의 정도전이 그랬다. 그러나 김일성, 스탈린, 마오쩌둥, 후세인 등의 맞수들은 꽤나 순진했다. 그런 점에서 김정은의 고모부이자 노련한 정치가인 장성택의 행동은 납득하기가 어렵다. 산전수전 다 겪은 노련한 정치인이 어째서 어린 조카를 미리 막아 나서지 않았을까. 아니면 차라리 어디 외국으로 나가 정치에 뜻이 없음을 선언할 수도 있었을 텐데. 어린 계승자의 심기를 건드릴지도 모르는데 그 많은 수행단을 이끌고 보란 듯이 중국공산당을 방문한 그의 어리석음이 놀랍기만 하다(결국 장성택은 2013년 처형되었다).

이러한 의문을 하나씩 풀어가면서 이 책은 혁명, 쿠데타, 내전, 분리·독립 직후 세워진 공산당, 군사위원회, 혁명위원회(학술 용어로 엘리트 연합의 느슨한 집단독재로 분류) 등에서 벌어지는 권력투쟁과 개인독재의 탄생을 다양한 각도에서 조명한다. 많은 엘리트가 다수의 선택에 자신의 선택을 맞추는 조정

coordination이 분석의 핵심 개념이다. 즉 법, 총, 카리스마가 아니라 엘리트의 조정이 독재 권력의 원천이다. 이 조정 과정에서 속임수, 헛소문, 비밀주의 등 독재정치에 만연한 혼탁한 정보가 핵심 변수로 떠오른다.[2] 속이고 속고, 속는 척하면서 엘리트와 시민의 사적 선호와 일치 혹은 불일치하는 여론(공동지식)이 등장하고, 이에 따라 세력이 나뉘고 투쟁의 승패가 결정된다.

독재자의 의도와 파벌 사이의 세력 등과 관련된 혼탁하고 불분명한 정보의 문제로 앞서 제기한 독재정치의 주요한 수수께끼를 해결할 실마리를 발견할 수 있다. 독재국가에 따라 개인의 독재 권력이 크게 다른 이유, 쉽게 속는 엘리트의 순진성, 숨을 헐떡이는 절대적 개인독재자 앞에서 건장한 체격의 엘리트가 벌벌 떠는 이유, 독재적일수록 또는 반민중적일수록 독재자의 정치적 수명이 긴 이유가 분명해진다.

그뿐만이 아니다. 왜 숙청은 독재정치에서 불가피한지, 왜 숙청은 전격적이고 비밀스러운 대신 점진적이고 공개적인지, 경제를 살려야 하는데 왜 그리 많은 동상을 세우고 집회를 하는지, 왜 인간적이고 도덕적인 독재자의 유형은 없는지, 북한에서처럼 거대한 실패에도 불구하고 왜 독재자는 건재한지, 그리고 구소련, 동유럽, 중동에서 나타나듯이 왜 독재 정권은 조금씩 흔들리지 않고 갑자기 무너지는지 등의 질문에 대해서도 정보 및 여론, 조정에서 그 답을 찾을 수 있다.

차례

3장 권력투쟁과 숙청: 탐욕과 배신의 앙상블

4장 개인독재의 기술

5장

6장

예비적 고찰

: 민주주의, 집단독재, 정도전의 실험

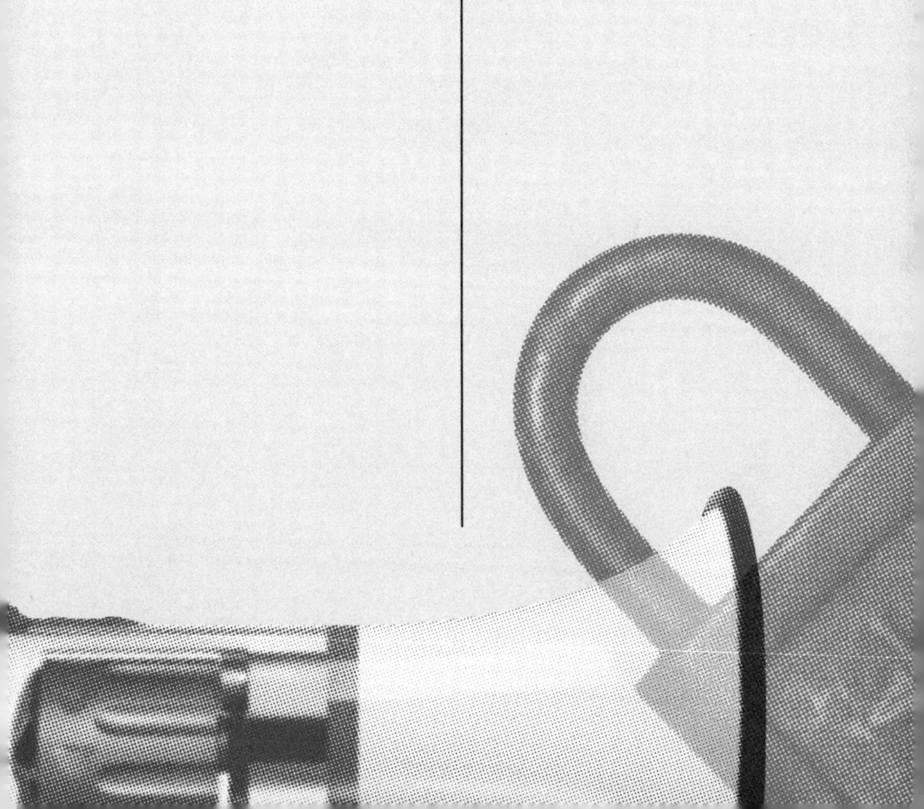

Principle of Dictatorship

1. 민주주의와 독재의 구분선
: 선거와 소통의 자유

독재를 이해하기 위해서는 먼저 정치의 본질에 관해 짚고 넘어가야 한다. 정치를 '희소 자원의 권위적authoritative 배분'으로 정의할 경우 독재정치를 제대로 파악하기 어렵다. 정치의 본질은 싸움이다. 독재가 밀실에서의 주먹다짐이라면 민주주의는 길거리 싸움이라는 점이 다를 뿐이다.

홉스의 '만인에 대한 만인의 전쟁the war of all against all'은 정치가 피할 수 없는 인류의 운명이라는 사실을 절묘하게 말해준다. 전쟁이라는 단어가 암시하듯 정치는 누가 더 잘났는지, 누가 더 성적이 좋은지 등 미모나 기술을 다투는 경쟁이 아니다. 팔씨름이 아니라 죽음을 부르는 칼싸움, 총싸움이다. 죽느냐 사느냐라는 실존의 문제를 놓고 벌이는 한판 싸움이다. 그리고 이 싸움에는 규칙이 없다.

정치가 희소 자원의 권위적 배분으로 보이는 이유는 오늘날 시민 다수가 힘을 합쳐 권력을 제한하는 데 성공했기 때문이다. 그뿐이다. 실제 정치는 만인 대 만인이 아니라 소수에 대한 소수의 전쟁이다. 각각의 소수 집단 내부는 질서와 위계로 조직화되어 있다.

지배와 국가의 태생적 목적은 공공선의 추구가 아니다. 국가권력을 위임받은 자가 공정한 제3의 심판자로서 무정부의 위험성을 제거하고, 공공의 안전과 질서를 수호해야 한다는 당위적 사명에 우리 대부분은 동의한다. 다만 이 주장은 국가의 역사적 기원에 부합하지 않을 뿐이다.

아주 오래전 농업기술의 발전으로 정착 생활이 가능해지면서 많은 국가가 나타났다. 주어진 영토 안에서 폭력을 독점한 조직인 국가를 만든 소수의 무리는 폭력에서 우위를 지닌 건장한 신체의 소유자라 상상할 수 있다.[3] 인간 세상에는 지력, 매력, 체력만큼이나 폭력이 불공평하게 배분되어 있기 때문이다.

그 시절에는 폭력이 단연 압도적이었다. 우두머리를 중심으로 뭉친 이들은 약자를 착취하고 괴롭혔다. 죽지 않을 만큼,생산을 멈추지 않을 만큼, 이웃 나라로 도망가지 않을 만큼.[4] 조직화된 폭력배의 선의가 아니라 이들의 횡포를 처벌할 수 있는 피지배자인 농민, 상공인, 시민의 힘만이 공공선에 부합하는 국가를 만들 수 있다. 오직 권력만이 권력을 제어할 수 있다. 민주주의에서는 권력과 정치의 본성이 바뀌는 것이 아니다. 순치될 뿐이다. 시민들이 권력을 제어할 힘이 없을 때 정치는 폭력배와 모리배의 과격하고 비열한 싸움판이 되고, 권력은 악한 본성을 여지없이 드러낸다. 견제되지 않은 권력은 남용되고 오용된다.

독재정치는 국제 관계의 무정부성을 닮았다. 여기서는 약속을 위반한 자를 처벌할 수 있는 공정한 판관이 없다. 국가는 자신의 무력에 기초해서 스스로 생존을 모색해야 한다. 이런 이유로 강대국은 권력을 최대로 축적하여 헤게모니적 지위를 노린다. 만족자satisfier가 아니라 권력의 극대화자maximizer처럼 행동한다.[5]

독재의 국내 사회에도 공정한 판관은 없다. 법으로 권력을 제약하는 법치가 확립되지 않은 독재국가에서 한 번의 방심은 치명적이다. 상대를 섬멸하려는 배신과 기만, 숙청이 난무하고 상호 불신의 전쟁 상태가 만연하다. 독재자 역시 현재의 권력에 만족하기보다 절대 권력을 추구하려는 경향이 있다. 오직 압도적 힘의 우위만이 편안한 잠자리를 보장하기 때문이다. 다행인지 불행인지 이에 성공하는 경우는 흔치 않다.

민주주의 국가만 살피면 공정한 제3의 심판자가 원래부터 존재한다고 착각하기 쉽다. 태생적으로 공정한 국가는 논리적으로 모순이다. 왜냐하면 천사의 세상에 정부는 필요 없기 때문이다. 정부를 거부했던 러시아 무정부주의자들은 누구보다도 인간의 선한 본성을 믿는 이상주의자들이었다. 이들이야말로 논리적이다. 천사가 아닌 어중간한 본성을 지닌 인간들의 세상에 누군가가 폭력을 독점한 국가를 점유하고 있는데 어찌 마음 편히 그의 선의만 믿고 있을 수 있겠는가. 심판자를 심판하는 또 다른 심판자를 두는 것으로는 딜레마를 해결할 수 없다. 옥상옥屋上屋에는 또 다른 옥이 필요할 뿐이다.[6]

그럼 민주주의 국가는 어떻게 심판자의 딜레마를 해결하고 권력을 순치하는가? 같은 맥락에서 왜 우리나라는 군사 쿠데타가 더 이상 가능하지 않은가? 판사와 검사 때문인가? 군사 쿠데타를 금지한 헌법 때문인가?

민주화 이전에도 헌법과 사법부는 있었다. 명목상의 규칙과 심판자는 있었다. 그러나 국가 공권력이 국민의 정치적 자유를 심각히 침해하던 시절, 법복을 입은 판사들은 위법이라며 망치를 두드리지 않았다. 이른 새벽에 탱크를 몰고 한강을 건너온 군 장성을 검찰이 구속해서 재판에 회부하지 않았다. 헌법 제정, 사법부의 설립만으로 민주주의를 지킬 수는 없다. 공식 제도와 규칙은 분명 민주주의에 도움이 되지만 근본적인 버팀목은 아니다. 이 모든 것은 오직 시민의 힘에 달렸다. 넘어서는 안 될 선을 지키는 시민의 힘 때문에 국가권력을 일시적으로 위임받은 자는 민주적 규칙을 준수해야 했다.

그렇다면 무엇이 시민의 힘을 결정하는가? 왜 사회마다 시민의 힘에 차이가 나는가? 미국 시민들은 총을 가지고 있기 때문인가? 네덜란드 시민들은 키가 크기 때문인가? 다수 시민들 사이에 통용되는 관습적 신념의 종류에 따라 시민의 힘이 달라진다. 시민 다수가 쿠데타에 저항하기를 주저하지 않는다고 모두가 믿는다면 군부는 군사 쿠데타를 엄두도 내지 못한다. '이것만은 안 된다', '이것만은 지켜야 한다'는 다수가 믿는 공동의 생각이 공권력 남용에 대한 유일한 방어책이다.

반대로 시민들 사이에 민주적 원칙에 대한 합의가 허물어지면 독재가 스멀스멀 올라온다.[7] 경쟁이 아닌 서로를 경멸하는 극심한 양극화로 인해 민주주의의 대원칙에 대한 시민 전체의 합의가 무너지면 일부 시민의 지지를 등에 업은 편파적 정치꾼이 가볍게 선을 넘는다. 시민으로부터 처벌의 위협이 사라졌기 때문이다.[8] 싸움의 신사적 규칙이 사라진 정치판에서는 오늘의 배신으로 내일의 영화를 욕망하는 기회주의자들의 주먹다짐과 뻔뻔한 거짓말, 서로에 대한 조롱이 난무한다.

그런데 민주주의를 세우고 보호하는 시민들 사이의 대大연대는 쉽게 만들어지지 않는다. 구금과 고문 등의 위험을 무릅쓰고서라도 광범위하고 공개적인 소통이 필요하다. 벨라루스 시민들이 오랜 독재자 알렉산드르 루카셴코 대통령에 반대하며 거리 곳곳에서 말없이 박수를 치고, 민주화를 염원한 칠레 시민들이 길거리에서 아주 천천히 걸은 이유다. 이런 '이상한' 행동은 모두가 독재에 반대한다는 합의를 모두가 확인하고자 하는 소통이다. 우리가 다수이고 그들이 소수임을 확인하기 위한 몸부림이다. 이러한 소통이 없다면 시민들은 민주주의에 대한 서로의 열망을 확인하지 못하고 광장으로 결집하지 못한다. 모두가 속으로만 반독재를 외칠 뿐 변하는 건 없다. 줄기차게 소통하는 시민만이 민주주의를 세우고 지킬 수 있다.

문제는 정치 모리배를 처벌하기 위해 시민들이 매번 광장에 모여 소통하고 연대할 수 없다는 점이다. 시민들은 바쁘고 모리배의 행동은 은밀하고 애매모호하다. 이를 한 방에 해결한 제도가 바로 선거다. 주기적이고 경쟁적이고 공정하게 행해지는 선거가 민주주의의 절대 기준이 되는 근본 이유다.

정당의 이름을 보면 정당에 무엇이 부족한지 알 수 있다는 농담이 있다. 관시Guanxi(연줄)가 사회적 희소 자원을 배분하는 주요한 지렛대 역할을 하는 중국에 가보면 거리나 유적지에서 공정, 정의라는 무수한 문구를 볼 수 있다. 많은 악명 높은 독재국가의 이름에 빠지지 않는 단어가 민주주의다. 대표적인 나라가 조선민주주의 인민공화국이다. 찰스 부코스키Charles Bukowski의 유명한 시, 〈군중의 천재the Genius of the Crowd〉에서 "평화를 설교하는 자에게는 평화가 없다Those who preach peace do not have peace"라는 구절을 연상시킨다. 연설문, 구호, 방송 등은 줄기차게 인민을 외친다. 인민을 위해 인민을 위해. 하지만 인민에 의해 주기적으로 열리는 공정한 선거는 없다.

정치적 자유주의freedom from the state가 약한 정치 문화에서는 선거를 소홀히 여긴다. 흔히 인민의 의지를 추종한다고 소리 높여 자임하는 정부를 민주주의로 바라보곤 한다. 레닌을 비롯한 사회주의자들의 신념이기도 하다. 이들의 민주주의 개념에는 '인민을 위한 정부government for the people'만 있지 '인민에 의한 정부government by the people'는 없다. '인민을 위한 정부'라는 민주주의의 정의를 독일의 정치학자 칼 슈미트에게서 사상적 연원을 찾는다는 점이 흥미롭다. 칼 슈미트는 그의 의도와 상관없이 독일 나치가 사랑한 정치 사상가다.

조지프 슘페터는 다소 건조하게 민주주의를 정의한다. "경쟁적인 선거가 주기적으로 열리는 나라가 민주주의다"라고. 이 딱딱한 정의는 "신새벽에 남몰래 민주주의여 만세"를 부르고 싶은 열정을 폭발시키지 않는다. 순수한 젊은이의 가슴을 뛰게 하는 일반의지의 구현도 없다. 그렇다면 왜 선거가 핵심일까? 선거는 아주 저렴하게 정보의 문제를 해결해주어 권력을 남용하고 헌법을 위반하는 모리배를 처벌할 수 있는 집합적 능력을 시민에게 부여하기 때문이다.

민주주의에서 정치인은 국가의 관리를 위임받은 대리인이다. 주인인 시민 중 극히 일부만이 대리인의 행동을 유심히 관찰한다. 나머지 시민은 정치인을 자세히 주목하기에는 일상이 너무 바쁘고 정치적 이해관계가 크지 않다. 이런 정치적 무관심 가운데 애매모호한 언사와 각종 기만술에 능통한 정치인들의 언행은 분명한 신호를 보내지 않는 경우가 허다하다. 이때 주의 깊은 관찰자는 한 가지 어려움에 봉착한다. '나는 분명 정치인의 잘못을 목격했고 그의 사악한 의도가 의심스러운데, 과연 다른 사람들도 나와 생각이 같을까?'

예를 들어 빵을 주식으로 하는 이집트의 한 독재자가 빵의 가격을 올리는 대신 질 낮은 밀가루로 교체하고 크기를 약간 줄여 예산을 절약하려 한다고 치자. 입맛이 예민한 사람은 곧바로 이 변화를 느낄 수 있다. 그렇지만 일반 사람들이 어떻게 느낄지는 알 수 없다. 일일이 돌아다니면서 다른 이의 생각을 물어볼 수도 없는 노릇이다.[9]

민주주의에서 선거는 바로 이러한 수고를 덜어준다. 저마다 자신의 믿음과 판단에 따라 투표함에 자신의 종이를 집어넣으면 된다. 몇 날 몇 시에 모이자는 약속을 잡아야 하는 길거리 시위는 필요 없다. 선거는 각자의 독립적 선택을 단순 다수, 과반수, 비례, 결선투표 등 다양한 규칙에 따라 종합하여 정치인의 운명을 결정짓는 혁명적인 정치제도다. 이 과정에서 동료 시민의 선호와 판단에 대한 불확실성은 자연스럽게 해소된다. 이것이 선거의 비밀스러운 위력이다.[10] 단, 주기적이고 공정한 선거 규칙을 절대다수가 목숨으로 사수하겠다는 각오를 서로가 확신할 수 있어야 한다.

만약 독재정치에서 사적 의견을 산술적으로 총합하는 선거가 실시된다면 어떻게 될까? 어렵게 생각할 필요 없이 북한에서 자유·평등·보통·비밀선거를 상상해보자. 김정은이 계속 집권할 수 있다고 믿는 이들이 몇이나 될지 궁금하다. 그만큼 선거는 혁명적이다. 무시무시한 권력자를 권좌에서 끌어내리기 위해 바리케이드에서 총을 드는 대신 투표장으로 걸어가는 수고면 충분하다. 선거의 도입이 민주화 운동의 지상 과제인 이유다.

전체 시민의 의사를 총합하는 선거가 없는 독재국가에서는 권력자를 처벌하기 위해 다수가 거리로 직접 나서야만 한다. 하지만 집단행동은 위험하다. 이란과 홍콩에서 보듯이 시위 도중 거리에서 목숨을 잃을 수도 있다. 북한에서는 연좌제로 동네 사람 모두가 죽거나 노동수용소로 끌려가기도 한다. 고양이 목에 방울을 달아야 하는데 누구도 선뜻 나서기가 두렵다. 고양이 밥 신세가 될 게 빤하기 때문이다.[11]

만약 사회가 무기명 투표를 통해 공동체가 나아갈 길을 주기적으로 결정한다면, 과거의 결정이나 사건이 현재의 선택을 제약하는 경로 의존적 악순환에서 벗어날 수 있다. 각자가 현재 자신이 믿는 최선의 대안에 독립적으로 투표하고 이를 합산한 결과대로 세상이 변한다면 사회는 과거의 실수에 구애받지 않고 더 나은 쪽으로 나아갈 수 있다. 하지만 선거가 작동하지 않는 세상은 그렇게 쉽게 바뀌지 않는다. 결의에 찬 다수가 머리띠 동여매고 한날한시에 군인들이 막고 서 있는 위험한 길거리로 뛰쳐나가야 한다. 이마저도 불가능한 나라가 여전히 지구 곳곳에 건재하다.

선거에 이어 민주주의의 두 번째 기준으로는 언론·집회·결사의 자유가 얼마나 허용되는지를 살펴야 한다. 언론·집회·결사의 자유는 선거와 함께 시민의 힘을 지키는 핵심 장치다. 싸움에서 승리하기 위해서는 힘이 필요하고, 힘을 가지기 위해서는 다수가 뭉쳐야 한다. 즉 광장이 필요하다. 광장에서는 서로의 의지를 확인할 수 있다. 자유롭게 소통하고 모일 수 있는 광장이 없다면 시민은 저항할 수 없다.

소통의 자유가 보장되지 않으면 선거와 선거 사이가 위험하다. 선거로 권력을 위임받은 자가 독재적으로 지배하면 시민들은 속수무책으로 당할 수밖에 없다. 대리인인 대통령과 국회의원은 명목상의 주권자인 국민을 그다지 두려워하지 않는다. 왜냐하면 소통 없이는 국민이 주인다운 주인 되기가 어렵기 때문이다. 일상에 지치고 바쁘게 살아가는 시민들이 대리인인 정치인들의 잘못과 속임수를 시시콜콜 파헤치기란 쉽지 않다. 이것저것 따져봐도 정치적 사건들을 모르고 지내는 편이 속 편하다. 게다가 정치인들은 호시탐탐 이러한 주인의 합리적 무지rational ignorance를 이용하려 든다.[12]

이때 커다란 사적 이해관계가 걸려 있거나 정의감과 대의명분을 가진 이들이 마음껏 자기 목소리를 낼 수 있는 언론·집회·결사의 자유가 중요하다. 이런저런 소음들 가운데 어느 중요한 사안이 시민들의 주목을 끌면서 주인(국민)의 이익을 침해한 대리인(정치인)을 처벌할 수 있을 만큼 시민의 의지가 모이기도 한다.[13] 이처럼 언론·집회·결사의 자유 덕분에 가끔이나마 시민들은 진정 주인답게 행동할 수 있다.

그렇다면 민주주의와 대척점에 있는 독재국가는 어떠할까? 한마디로 주기적이고 경쟁적인 선거와 언론·집회·결사의 자유 중 어느 하나라도 허용하지 않는 사회다. 선거와 언론·집회·결사의 자유는 인민에 의한 정부를 가능케 하는 핵심 제도다. 누군가 인민을 위한 정부를 부르짖으면서 선거를 불허하거나, 언론·출판·집회·결사의 자유를 심각히 훼손한다면 그는 독재자라 불러 마땅하다.

2. 집단독재 vs 개인독재

1) 회의와 집단독재

조선의 왕은 힘들어 보인다. 영화 〈남한산성〉에서 인조는 피난을 가서도 양반 대신들의 "아니 되옵니다"라는 합창에 지쳐버린다. 태종에게 죽임을 당한 조선 개국 공신 정도전의 정치적 혜안이 느껴진다(그가 바로 신권臣權을 보장하는 안전장치로 어전회의를 세운 장본인이다).

미국 건국의 아버지 중 한 명으로 꼽히는 제임스 메디슨이 미국 헌법에 도입한 견제와 균형의 원리를 정도전과 사대부는 이미 알아차린 듯하다. 육조六曹 등 중앙집권화를 통해 부강한 나라를 도모하면서도 왕권을 견제하기 위한 최고심의기관으로 의정부議政府를 두었다. 왕은 삼정승(영의정, 좌의정, 우의정)이

참석하는 어전회의를 통해 주요 국사를 논의하고 결정해야 할 책무가 있었다. 여기에 더해 사헌부, 사간원, 홍문관 등 삼사三司를 두어 왕권과 신권을 서로 견제토록 한 방책이 탁월하다.

그렇다면 회의가 왜 그토록 중요할까? 사람들이 모여서 이야기를 하다 보면 집단행동을 할 수 있다. 서로 의견을 모으면 모두가 같은 생각을 한다는 믿음이 생겨 함께 왕이나 독재자에게 저항할 수 있다. 정기적으로 열리는 회의는 양반, 귀족, 공산당 간부의 방패막이가 되는 셈이다. 혹 회의가 열리지 않으면 그 자체가 모든 엘리트에게 위험 신호다. 일찍이 회의의 위력을 간파한 이들이 영국의 귀족이다. 절대왕정의 프랑스와 전쟁하기 위해 영국 왕이 재정적 도움을 요청했을 때 귀족은 그 대가로 의회parliament라는 회의체를 요구했다.[14]

회의는 민주주의의 광장과 비슷하다. 집단행동을 위한 상호 관찰, 소통, 의지 등을 확인할 수 있도록 해준다. 민주주의에서나 독재에서나 공개적이고 관찰 가능한 의도와 의사만이 정치적으로 유의미하다. 혼자 누워 벽을 보면서 독재 타도를 외치는 '방구석 여포'(집 밖이나 실제 생활에서는 평범하거나 조용하지만 집 안이나 온라인상에서는 과격한 사람으로, 중국 후한 말 무장인 '여포'에 빗대어 이르는 말) 같은 시민은 의미 없다. 길을 걸으면서 마음속으로만 "민주주의 만세"를 외치는 건 소용없다. 어느 누구도 그의 마음을 읽을 수 있는 독심술을 지니고 있지 않다. 관찰이 불가능하다. 그래서 자신의 의사를 공개적인 장소에서 표현하기 위해 벨라루스 시민들은 광장에서 함께 아이스크림을 먹었고, 피노체트 정부에서 칠레 시민들은 차를 아주 천천히 몰았다. 이것이 소통이다.

독재정치에서 회의는 엘리트의 소통이다. 회의에 누가 참석했는지, 회의가 주기적으로 열리는지 등의 기본 정보만으로도 엘리트는 독재자의 꿍꿍이와 꼼수를 모두가 알고 있다고 믿는 '공동지식'(다음 장에서 자세히 다룰 개념이다)을 가질 수 있다. 덕분에 독재자를 처벌할 수 있는 엘리트의 집단행동이 가능해진다. 이런 효과로 정기적으로 열리는 회의는 엘리트와 독재자 사이에 권력을 나누어준다. 집단독재다.

스탈린과 김정일 등 절대 권력을 누린 독재자는 회의를 싫어했다. 1939년 제18차를 끝으로 1952년 제19차까지 13년 동안 스탈린은 한 번도 당대회를 소집하지 않았으며 중앙위원회는 아주 가끔 회합을 가질 뿐이었다. 스탈린은 공산당 최고기구인 정치국을 소집하여 명령을 내리는 대신 자신의 수하 중 한 명에게 비공식적으로 자신의 명령을 하달했다. 북한의 김정일은 1980년 제6차 당대회 이후 자신이 죽을 때까지 한 번도 당대회를 열지 않았다. 김정일 시대 조선로동당에서 정치국 회의가 소집되는 경우는 거의 없었고, 아주 가끔 김정일이 참석하지 않은 정치국 확대회의는 담당 비서가 비준된 문건을 낭

독하고 끝나기 일쑤였다. 회의 대신 김정일이 담당 부장(장관급 인사)에게 직접 전화하는 식으로 업무가 처리되었다.[15]

절대 권력을 유지하기 위해 공산당 회의를 전면 거부한 스탈린의 선택이 옳았다. 스탈린의 후임자는 공산당 회의를 복원했고, 권력을 남용하다 1964년 공산당 중앙위원회의 회의와 투표로 쫓겨났다. (쇼가 아닌 진짜) 회의는 독재자에게 위험하다.

뛰어난 관찰력의 소유자인 마키아벨리는 엘리트가 독재자의 가신인가, 독립적인 귀족인가로 독재를 나누고 있다.

> 모든 군주국은 두 가지 방법 중 하나의 방법으로 통치되어왔다는 점을 상기할 필요가 있다. 그 하나는 한 명의 군주가 그의 가신들, 곧 그의 은덕과 선임에 의해서 국정을 보좌하는 자들의 도움을 받아 통치하는 것이고, 다른 하나는 군주가 제후들과 더불어 통치하는 것이다. 그런데 그 제후들은 군주의 은덕이 아니라 오랜 귀족 가문의 세습적인 권리를 통해서 그 지위를 차지했다.[16]

절대 권력의 개인독재에서 엘리트는 가신이다. 어떠한 정치적 자율성도 없다. 엘리트의 운명은 전적으로 독재자의 호불호에 달렸다.[17] 마키아벨리의 은덕이라는 표현이 참으로 적절하다. 독재자의 기분에 좌우되는 엘리트의 운명은 불안하기

짝이 없다. 북한의 당·정·군 최고 엘리트는 수령의 은사로 호가호위狐假虎威하다가도 그의 호의를 잃는 순간 곧바로 나락으로 떨어진다.

풍전등화와 같은 개인독재의 가신과 달리, 회의에 기초한 집단독재의 엘리트는 늙어 병들어 죽을 때까지 자기 자리를 지킬 수 있다.[18] 독립적인 정치적 권리를 인정받는 귀족인 것이다. 주기적으로 강제 퇴장당하는 민주주의의 노정치인보다 형편이 낫다. 1980년대 소련의 원로지배gerontocracy가 대표적이다. 당시 내각과 정치국의 평균 연령은 70세였다. 아마 의료기술 수준이 좋았다면 80세를 훌쩍 넘었을지도 모른다.

냉전 시절, 철의 장막 너머 동토의 왕국 소련은 엘리트에게는 따뜻한 나라였다. 공개재판, 대숙청, 총살, 시베리아 강제수용소로 대표되는 소련은 스탈린의 죽음 이후 공산당 간부의 천국으로 탈바꿈했다. 수용소 근처의 시베리아 석유공장 공장장은 '석유장군'이라 불렸다. 나폴레옹과 히틀러의 군대를 물리친 혹독한 러시아의 겨울, 이른바 동장군General Winter의 위세가 느껴진다. 모스크바(중앙)에서 내려온 생산 명령은 힘들지 않았다. 왜냐하면 계획당국의 명령은 석유부와 석유장군이 보낸 생산량 자료에 의거하기 때문이다. 석유장군은 초과 달성한 여유분을 암시장에 내다 팔아 자신의 것인 양 마음대로 사용했다. 이 모든 변화는 1957년 회의로 뽑았던 총서기장을

1964년 회의로 파면하면서부터 시작되었다.

시진핑 집권 이전 중국 역시 전형적인 집단독재였다. 장쩌민과 후진타오의 중국에서는 공산당 최고지도자를 비롯하여 정치국 위원 등 고위직은 임기 5년의 자리를 연임할 뿐이었다. 강제 은퇴 조항과 더불어 개인 우상화 금지, 주요 보직자의 겸직 금지, 정치국의 합의적 의사결정 방식 등으로 집단독재를 실천했다.[19] 시진핑 주석이 연임 규칙을 위반하기 전까지 중국 공산당에서 주석의 장기 집권은 불가능해 보였다. 이를 틈타 (당)간부-사업가로 변신한 공산당 엘리트는 중국식 시장개혁의 과실을 마음껏 챙겼다.[20]

순진함과는 거리가 멀어 보이는 독재의 조력자들이 가신처럼 숨죽이고 살아가는 개인독재는 얼핏 기현상처럼 보인다. 자고로 권력을 구하는 자는 엘리트의 적극적인 지지가 필요하기 때문이다. 모래로 쌀을 만든다고 자랑하는 신출귀몰의 1인자도 눈이 백 개 천 개가 아니고 몸을 홍길동처럼 마음대로 분신할 수 없기에 다른 이의 물리적 도움을 구할 수밖에 없다. 이를 위해 예비 폭군은 조력자들에게 합당한 보상을 약속한다. 그리고 권력과 부를 위해 위험천만한 권력투쟁에 참전하기 전 엘리트는 약속의 진위를 따져본다. 그럼 얼마나 꼼꼼히 따질까?

먼저 영리한 엘리트를 상상해보자. 미래를 충분히 합리적으로 심사숙고한 영리한(영악한) 엘리트는 1인자의 약속을 의심부터 한다. 누구나 화장실 들어갈 때와 나올 때가 다르기 때문이다. 다음 장에서 자세히 다루겠지만, 권력을 향한 공격과 권력을 지키는 수비 사이에는 큰 차이가 있다. 공격은 매우 어렵고 수비는 매우 쉽다. 이 때문에 지키는 입장으로 전환한 1인자는 배신의 유혹을 강하게 느낀다. 쿠바의 카스트로가 젊은이들의 우상인 체게바라를 배신했듯이 말이다. 이때 미래의 보상을 걱정하는 합리적인 엘리트라면 1인자의 말을 액면 그대로 믿기보다 약속을 지키지 않을 경우 그를 처벌할 수 있는 발판을 마련해두어야 한다. 당장의 빵이 아니라 회의체를 얻어내야 한다. 엘리트에게 처벌 능력을 부여하는 집단독재를 요구해야 한다. 만약 1인자가 집단독재를 거부한다면 엘리트는 당장 지지를 철회해야 한다.[21]

그런데 엘리트의 해야 한다는 당위와 현실 사이에는 차이가 크다. 우리 대부분은 이기적이지만 영리하기보다는 순진한 쪽에 가깝다. 순진한 자의 어리석음을《이솝우화》의 주요 등장인물인 사자가 제대로 보여주고 있다.

어찌된 영문인지 알 수 없으나 농부의 딸을 사랑하게 된 사자가 있다. 사자는 농부를 찾아가서 그의 딸과 결혼하고 싶다고 부탁(정확히 표현하면 협박)한다. 농부는 사자에게 자신의 소중한 딸을 시집보내고 싶지 않지만 사자가 무서워 대놓고 거절할 수도 없는 노릇이다. 농부는 사자에게 딸이 다칠 수 있으니 이빨과 발톱을 모두 뽑아 없애고 오면 결혼을 허락하겠다고 약속한다.[22] 농부의 혼을 담은 연기였다. 이 진짜 같은 약속을 믿은 사자는 자신의 신체적 무기를 제거하고 잘 차려 입고 식장에 나타난다. 이때 딸 대신 몽둥이를 든 농부가 들어와 사자를 때려 내쫓아버린다. 그러나 이런 사자를 어리석다고 말하지 마라. 역사에서 순진하게 약속을 믿어 몰락을 자초한 이는 한두 명이 아니다.

섬나라 일본에서 전국의 혼란을 끝내고 임진왜란을 일으킨 도요토미 히데요시는 믿음직스럽지 않은 아들을 위해 튼튼한 오사카 성을 지어주었다. 오사카의 이중 해자(성 둘레를 파서 만든 물길)로 인해 성 함락에 실패하자 도쿠가와 이에야스는 해자를 묻으면 휴전하겠다고 약속한다. 오랜 전투에 지친 탓인지, (기록에는 없지만) 연인과 막 헤어진 탓인지 히데요시의 아들 히데요리는 이상하리만큼 이 말을 곧이곧대로 믿고 해자를 묻어버린다. 이에 도쿠가와는 겨우내 함락하지 못한 오사카 성을 하루 만에 함락시키고 히데요리를 처형한다.

실제 역사 속 많은 엘리트는 어리석은 사자보다 조금 더 나았을 뿐이다. 1인자는 그냥 말만 하지 않는다. 기존 정권을 무너뜨린 다음 공산당 정치국과 중앙위원회, 군위원회 등 최고 의사결정기구를 세운다. 엘리트가 1인자의 약속에 매달릴 수 있는 근거다. 그러나 딱 여기까지다. 연임 금지, 겸직 금지, 개인 우상화 금지, 숙청 금지 등 좀 더 단단하게 1인자의 팔다리를 묶을 생각은 하지 못한다. 반면 파벌 금지, 반분파주의 등 1인자에게 유리한 규칙은 너무나 쉽게 받아들인다. 어쩌면 모든 걸 새로 시작해야 하는 혁명의 급박함이라는 상황적 제약을 탓해야 할지도 모르겠다. 이로써 1인자를 동여맨 끈은 쉽게 풀리고 그의 능숙한 기만술에 엘리트는 순진하게도 충성 경쟁을 벌인다. 갑자기 사라지는 동료가 속출하지만 '설마, 나는 아니겠지' 하는 마음이 더 크다.

그들은 폭정에 한번 호되게 당한 뒤에야 집단적 의사결정 제도가 얼마나 중요한지를 깨닫는다. 절대 권력의 폭군이 끝을 모르는 권력욕에 후계자를 정하지 않고 죽으면 살아남은 엘리트는 그제야 집단독재를 세울 기회를 얻는다.

그런데 왜 엘리트는 폭군의 등장을 미리 막지 못하는 걸까? 사자나 히데요리처럼 너무 순진했던 걸까? 이 책의 4장이 이 질문에 답하고 있다.

2) 선거 독재: 선거와 독재의 공존

현대의 집단독재는 새로운 형태의 권력 분점을 실천하고 있다. 냉전이 끝나고 1990년대 민주화가 유행처럼 번져나갔다.

동유럽, 중앙아시아, 중동 등에서 시민들이 거리로 쏟아졌다. 하지만 이내 자유주의의 승리를 선언한 역사의 종언과 반대로 민주화는 역진되고 독재가 귀환했다.

그래도 선거를 철폐할 만큼 폐쇄적 독재로 나아가지는 못했다. 불공정하고 부정이 판을 쳤지만 주기적으로 선거가 열렸다. 다른 전통적 독재와 달리 독재자는 권력을 잡기 위해 선거에서 반드시 이겨야 했다. 선거와 선거 사이의 기간 동안 언론·출판·집회·결사의 자유가 심각히 훼손된 새로운 독재의 형태, 이른바 선거 독재다. 1987년 민주화 이전 한국의 독재가 바로 그러하다.

선거 독재에서 지배 세력 모두가 선거를 싫어한다고 생각하면 오산이다. 대통령 혹은 수상의 주요 지지 세력인 여당의 다수 엘리트는 불완전한 선거가 작동하기를 원한다. 선거는 회의를 대신한다. 어전회의, 공산당 중앙위원회처럼 선거는 독재자의 권력을 제한하고 권력 분점을 지지하는 현대적 수단이다. 선거는 자신들이 정한 선을 넘어서는 독재자를 처벌할 수 있는 엘리트의 능력을 크게 높인다. 만약 아직까지 절대 독재의 반열에 오르지 못한 1인자가 권력을 나누어 갖자는 약속을 어기고 마음대로 통치한다면, 주요 조력자들은 쿠데타 혹은 민중 혁명과 같은 폭력적 수단 대신 야당과 연합하는 등 선거 경쟁을 통해 그를 제거할 수 있다.[23]

여기서 많은 독재국가에서 헌법이 무엇을 의미하는지 잠시 살펴보자. 절대적 개인독재를 제외하고 집단독재에서 헌법은 정권에 단순히 민주적 외양을 입히는 장식품이 아니다. 헌법은 독재자와 조력자들 사이의 계약서다. 이면 계약이 아니라 모두에게 공개하는 계약이다.

한번 자문해보자. 전두환 정권은 왜 7년 단임제를 헌법에 명시했는가? 불행한 헌정 질서를 끝내고 평화적 정권 교체를 이루고자 하는 충정의 발로라는 그의 말을 곧이곧대로 믿는 이는 당시에도 거의 없었다. 전두환은 혼자 힘으로 권력을 잡을 수 없기에 엘리트에게 도움을 청했다. 하지만 위험한 군사 쿠데타에 단순히 개인적 호의나 친분만으로 참여하는 사람은 없다. 그들 역시 권력의 일부를 원한다. 7년 단임제는 국민과의 약속이라기보다는 노태우 등 조력자들과의 계약이다. 계약서를 헌법의 형태로 발표함으로써 권력 분점의 약속이 한층 더 신뢰가 간다. 헌법이라는 커다란 스피커가 만드는, 즉 모두가 알고 있다고 믿는 공동의 생각 때문에 전두환은 7년 뒤 약속을 거스르기가 어렵게 된다. 조력자, 야당 정치인, 재야단체, 시민 모두의 기대를 한꺼번에 뛰어넘기가 만만치 않다.[24]

전두환이 7년 단임제를 약속했다면, 박정희는 대통령을 두 번만 한다는 헌법으로 제3공화국을 출범시켰다. 이승만은 의회가 대통령을 뽑고 대통령은 두 번만 한다는 비슷한 헌법으로 시작했다. 시간이 되면 권력을 넘겨주겠다는 약속이다. 권력 분점이다. 하지만 많이 가지면 더 많이 갖고 싶은 권력의 속성대로 이승만, 박정희 모두 호시탐탐 계약을 위반할 기회를 노렸다. 대중의 참정권이 전적으로 배제된 신정, 왕정, 공산 독재와 달리 권력을 연장하기 위해 이승만과 박정희는 선거와 관련한 헌법 개정이라는 수고를 거쳐야 했다. 물론 모두에게 관찰되는 공적 정보를 변경하는 명명백백한 행위라 조심스러울 수밖에 없었다. 흥미롭게도 이 두 사람 모두 삼선을 금하는 조항을 철폐하는 헌법 개정을 선거와 선거 사이의 중간에 추진했다. 헌법 개정의 정치적 갈등이 선거와 맞물려 폭발하는 것을 막기 위한 묘책이었다.

그럼 상상해보자. 박정희의 2인자 김종필은 직접선거를 없애버린 유신을 반겼을까? 유신에 앞선 1969년 삼선개헌은? 이는 1971년 박정희의 공식 임기가 끝난 뒤 내각제 개헌을 기대한 공화당 내 일부 야심가들을 크게 실망시키는 결정이었다. 여당 의원들이 야당과 연합해서 대통령을 공격할 수도 있는 상황이었다. 이에 안전한 집권 연장의 사전 포석으로 박정희는 자신의 집권당 내 김종필파를 회유, 협박, 심지어 고문으로 철저히 거세시켰다.

이후 1971년 대선 결과(광범위한 부정선거에도 불구하고 상대 후보 김대중과 고작 94만 표 차이밖에 나지 않은 사실)에 놀란 박정희가 자신의 당내 반대파를 한 번 더 제거하고 1972년 10월 유신을 선포했다. 유신이 있기 몇 달 전 이후락 중앙정보부장은 평양에서 비밀리에 김일성을 만나고, 7월 4일 남북공동성명을 발표했다. 박정희 대통령의 인기몰이였다. 유신은 당시 국민적 열망인 통일의 분위기가 최고조에 달한 시점에서 단행되었다. 그만큼 다수 엘리트를 실망시킬 10월 유신은 조심스럽고 용의주도하게 준비되고 추진되었다.[25] 외유에서 돌아온 김종필에게 남은 선택은 허수아비 2인자로 조용히 지내는 것밖에 없었다.

제5공화국의 공식적 2인자(전두환은 속으로 다른 후계자를 생각했겠지만) 노태우에게 과연 직선제 개헌이 불리했을까? 임기 말 전두환의 내각제 개헌 시도에서 알 수 있듯이 노태우로의 권력 이양은 그리 확고한 약속이 아니었다. 이런 가운데 대중의 저항을 분쇄하기 위한 친위 쿠데타 형식의 보다 폐쇄적 독재는 노태우의 미래를 불확실하게 만들 수 있었다.[26] 오히려 직접선거가 전두환과 강경파의 기회주의를 차단할 수 있는 주요한 도구이기에 노태우는 당시 대중적 인기가 높은 양김(김대중·김영삼)과 싸워야 하는 선거의 불확실성을 수용했다.

복수의 정당과 후보자가 경쟁하는 선거는 더 이상 독재의 정치적 정당성을 치장하는 요식 행사가 아니다. 무엇보다도 다가오는 선거 경쟁에서 대중의 안정적 지지를 확보하지 못한 선거 독재의 대통령은 지배 연합의 내분과 분열을 걱정해야 한다.[27] 여기서 엘리트는 집권의 미래가 불확실한 1인자를 떠나거나 양다리를 걸친다. 대중의 지지를 상실한 1인자가 권력욕마저 지나칠 경우 지배 엘리트는 직접 대중에 호소하여 그를 처벌할 수 있다. 바로 이승만 정권 말기의 정치적 상황이 그러했다.

한국전쟁에서 거대한 반전을 이룬 까닭에 1952년 대통령 선거와 1954년 제3대 총선은 이승만의 독무대로 전락했다. 이는 대통령이 권력 분점을 통해 집권 엘리트의 이탈을 막고 안정적인 지배 연합을 유지할 필요성을 약화시켰다. 집권과 함께 정치적으로 큰 신세를 진 한민당(한국민주당)을 배제하는 내각을 구성하는 등 이승만의 권력욕은 점점 더 노골적으로 야욕을 드러냈다. 강한 2인자를 싫어하는 모든 1인자들처럼 이승만은 이범석을 무리한 방식으로 제거해버렸다. 1952년 선거에서 자유당 창당의 일등 공신인 그가 부통령에 입후보하자 이승만은 자유당과 아무런 연고가 없는 무소속 후보를 당선시켰다.

1954년 총선에서의 대승을 기화로 삼선금지 조항을 철폐하는 사사오입 헌법 개정은 모두에게 확실한 신호탄이었다. 국가 폭력이 난무하는 상황에도 불구하고 이승만의 자유당 내 일부 국회의원들은 탈당과 함께 민주당 창당에 합류했다. 안보에서의 성공과 대조적으로 경제를 망쳐버린 탓에 이승만의 지지도는 급전직하했다. 선거 경쟁은 치열해지고, 결국 이승만은 (부정) 선거로 망했다.

정치적 기본권과 인권을 가볍게 생각하는 선거 독재의 1인자가 공정하지 않은 선거를 두려워해야 하는 이유가 있다. 선거 자체가 정보의 불확실성을 크게 줄여주기 때문이다. 권위주의적 억압으로 인해 동의가 강요되는 상황에서 정권에 대한 지지도는 실제보다 과장되어 인식되기 마련이다. 정치적 박해를 피하고 싶은 시민들은 집 밖에서 거짓말을 한다. 서로가 서로의 위선을 진실로 오해하면서 더 진짜 같은 거짓말을 한다. 독재자에 대한 대중의 지지도가 고무풍선처럼 부풀려진다.[28] 독재자 자신도 깜빡 속는다.

믿기 어려울 만큼 우스꽝스러운 예로, 칠레의 독재자 피노체트는 자신의 승리를 너무나 확신한 나머지 국제 감시단을 불러 부정선거를 원천봉쇄하는 어리석은 결정을 내렸다. 이런 상황에서 선거는 풍선을 터뜨리는 바늘과 같다. '빵' 하고 터지면서 왜소한 정권의 실체가 드러난다. 선거 직후 소요 사태가 자주 일어나는 이유다. 만약 미국의 프라이머리primary처럼 예비선거가 더해질 경우 선거는 더욱 위협적이다. 시민과 여당과 야당의 정치인 모두가 위선의 인형극이 아니라 현실을 마주하게 된다.[29]

선거는 또한 집단행동을 위한 초점 역할을 한다. 곧 있을 선거 덕분에 시민과 정치단체의 계획표가 자연스럽게 일치한다. 특정 세력의 의식적 동원 없이도 선거가 임박해오면 다양한 정치 세력의 정치적 요구와 행동이 점증하고 시민들의 정치적 관심은 크게 올라간다.

위의 설명으로 한국이 1987년으로 가는 정치 경로를 간단히 정리할 수 있다. 1987년 한국의 민주화 운동이 있기 전 1985년 국회의원 선거에서 전두환 정권의 억압과 분열 공작에도 불구하고 어용인 민한당, 국민당을 제치고 선명 야당 신한민주당이 제1야당이 되었다. 이는 모두에게 많은 국민이 민주화를 염원한다는 분명한 신호였다. 그리고 대통령의 공식 임기가 마무리되어가는 시한폭탄 같은 1987년 초, 비극적 사건들이 우연히 겹치면서 시민의 참여가 폭발했다. 민주화를 위한 정보와 계기가 모두에게 제공된 것이다.

이렇듯 선거의 정치적 폭발력 때문에 1인자와 집권당은 정책과 온갖 권력 자원을 이용해서 시민의 정치적 지지를 얻으려 적극적으로 노력한다. 다른 민주주의 정치인들처럼 선거독재의 1인자는 공공재와 사유재로 유권자의 표심에 호소한다. 공공재의 대표적인 예로 경제발전과 안보가 있다면, 사유재에는 다양한 이권과 특혜, 개개인에게 돌아가는 돈봉투에 이르기까지 다양하다. 특히 선거 승리를 위해서는 공공재를 제대로 공급하는 것이 중요하다. 예를 들면 수강자의 수가 백

단위를 넘어서는 경우 피자(사유재)를 돌리는 대신(김영란법으로 더 이상 가능하지 않지만) 좋은 강의(공공재)로 학생들을 만족시키는 편이 비용 대비 효과 만점이다.

결국 선거가 권력에 접근하는 유일한 수단인 '선거 독재'는 자연스레 경제발전을 추구한다. 인민이 힘들수록 권력이 안정되는, 즉 소수의 가신에 의지하는 개인독재와는 크게 다르다. 선거 독재야말로 스스로 자기 무덤을 파는 정권의 형태다. 독재자가 유권자의 표를 얻기 위해 경제를 발전시킬수록 자기의 좋은 패 하나가 사라진다. 이제 가난에서 벗어난 중산층 시민들은 자유를 원하기 때문이다.

3. 조선의 정도전, 시대를 앞서다

권력 분점, 권력 제한이 작동하는 집단독재라는 관점에서 정도전과 그를 따른 사대부의 꿈을 재조명해보자. 조선의 건국은 유교라는 정치 신념으로 단단히 무장한 정도전과 사대부 세력의 정치혁명이다. 당시 이들은 고려와 같은 허약한 왕권으로 인한 국정 파탄을 막는 동시에 폭군의 탄생을 막는 정치 질서를 고민했다.

망이·망소이의 난, 김사미·효심의 난, 만적의 난 등 고려 말 들불처럼 번진 민란이 보여주듯이 민초에게 가장 불리한 정치 제도는 귀족정이다. 저 멀리 구중궁궐에 살고 있는 왕은 평민을 볼 수 없다. 일반 병사가 대대장보다 병장을 더 무서워하는 이치와 같다. 자주 부딪치는 귀족이 훨씬 큰 괴로움을 준다.

왕은 평민의 삶을 망가뜨릴 정도로 수탈할 생각이 없다. 안정적인 국정 운영을 위해 내일도 수탈해야 하니 오늘 적당한 선에서 평민의 삶을 보장해준다. 안정적인 왕정이 큰 도둑 한 명이 군림하는 경우라면, 혼란스러운 귀족정은 여러 명의 작은 도둑이 설치며 도둑질을 다투는 것과 같다.

귀족은 왕처럼 여유가 없다. 평민이 다른 동네로 도망갈 수도 있고, 새로 등장한 세도가가 자신의 관할권을 탐할 수도 있다. 흔들리는 중앙 권력의 불안 속에서 귀족은 오늘 당장 평민을 흡혈귀처럼 수탈한다. 내일은 없다.[30] 이는 회 한 접시를 두고 젊은 학생들이 서로 많이 먹겠다고 다투는 꼴이다. 술 한잔에 안주 삼아 천천히 먹고 싶지만, 그런 여유를 부리면 제대로 먹지 못할 게 빤하니 모두가 바쁘게 젓가락을 놀린다. 결국 회는 금세 사라진다. 공유지의 비극tragedy of the commons이다.[31]

고려 말 무분별한 귀족정의 폐해를 직접 겪은 조선의 사대부 건국 세력은 한반도를 통치할 수 있는 강한 왕권으로 부국과 민생을 동시에 해결하고 싶었다. 민본과 왕도정치를 핵심으로 하는 유교라는 신념이 없었다면 고려의 문벌 귀족처럼 사대부 엘리트 역시 자신의 정치적 특권을 위협할 수도 있는 중앙집권적 군왕 질서를 처음부터 거부했을 것이다. 고려와 마찬가지로 상당히 분산적인, 심지어 봉건적인 정치질서가 나타났을지도 모른다. 즉 고려의 귀족을 자신들이 대체하는 것이다.

그러나 유교적 신념이 편협한 정치적 이해를 이겼다. 민본을 우선시하는 유교를 철두철미하게 믿은 조선의 신흥사대부는 고려의 실패를 반복하고 싶지 않았다. 이들은 고려 말 민초의 비극을 목격하면서 흔들리는 중앙 권력이 백성의 평안과 양립하기에 어려움이 있다는 것을 몸소 느꼈으리라.

실제로 민본과 왕도정치를 실현하기 위해 안정적인 중앙 권력이 필요하다는 사대부의 판단은 경제학적으로도 타당하다. 귀족정치를 비롯한 분산된 권력구조 아래서는 공공재의 공급이 제대로 이루어지지 않고 규모의 경제economies of scale가 실현되지 못하는 단점이 있다. 거대한 고정자본이 필요한 공공재는 일단 생산이 시작되면 한계생산비용은 거의 들지 않는다. 따라서 대규모 생산 활동으로 규모의 경제를 달성할 때 공공재 공급은 경제적 타당성을 획득할 수 있다.[32] 물론 이러한 논리로 조선의 엘리트가 무장하진 않았겠지만, 신흥사대부는 군왕 중심의 중앙집권화가 국부를 증진하는 길이라고 분명히 인식한 듯하다.

조선의 중앙집권화는 고려와 비교하면 좀 더 분명해진다. 고려의 지배계급은 자신이 점유한 토지 구역 내에서 실질적 조세권을 행사한 문벌 귀족이다. 한편 조선은 관료 본인에게만 토지세의 권한을 주는 과전법 체제를 확고히 하여 양반들이 과거를 통과해 관직을 점유토록 유도했다. 이는 가문의 후광을 등에 업고 관료로 진출하는 고려의 음서제도와 큰 차이를 보인다. 한반도에서 관습적 특권을 누리는 전통적 의미의 귀족이 깨끗이 사라지는 순간이다.

중앙-지방 관계 역시 크게 변모한다. 고려가 호족 등 지역 엘리트를 통해 간접적으로 통치했다면, 8도 체제를 정비한 조선은 향리를 지방 관서의 행정 사역으로 격하시키고 수령을 중앙에서 직접 임명해 관리 감독했다. 중앙집권화는 군제에서도 뚜렷하게 나타났다. 고려의 경우 군의 징발, 통솔권이 모두 장수 개인에게 위임된 사병의 성격을 지니고 있으나, 태종에 와서 이러한 사병 성격의 군이 혁파되고 조선은 중앙군을 5위제, 지방군을 진관 체제로 정비하여 단일 위계 조직을 군사제도에 확립했다.

한편, 공공선을 위한 중앙집권의 최대 단점은 군주의 권력 남용의 위험이다. 앞서 미국 건국의 아버지 제임스 메디슨이 걱정한 정부의 역설paradox of government이다. 문제 해결자로 나선 정부가 오히려 권력 남용으로 문제가 되는 것이다. 그의 말처럼 권력의 문제는 오직 권력으로만 제어할 수 있다. 조선의 개국 공신들이 왕권을 제어할 수 없다고 판단했다면 규모의 경제를 포기하고 국가 경영의 비효율을 감수하더라도 중앙 집중형 군주제를 피했을 것이다.[33] 하지만 중앙집권에도 불구하고 사대부는 왕권을 통제할 수 있다고 믿을 만한 근거가 있었다.

서유럽과 동아시아의 전통시대 국제 관계는 커다란 차이를 보인다. 일찍이 로마제국의 몰락 이후 넓지 않은 서유럽에서는 수많은 무장단체가 문자 그대로 군웅할거했다. 이들 사이의 무수한 전쟁의 소용돌이 속에서 군사력은 생존의 제1의 요건이었다. 모두가 경쟁적으로 군사력에 집중했다.[34] 이와 달리 분열과 통합을 반복했지만 중국 대륙에서 제국은 온전히 보존되었다. 덕분에 국가 사이의 수평적 관계에 기초한 서유럽의 무정부적 상황과 달리 중화 질서는 위계적이었다. 상하관계의 제국 질서에서 어차피 중국의 적수가 되지 못하는 한반도 전통 국가에서는 권력 엘리트가 사회로부터 자원을 동원하여 강한 국가 건설에 매진할 유인이 크지 않았다. 말하자면 "짐이 곧 국가"인 절대왕정을 뒷받침할 만한 국가 폭력 기관이 마련되지 않은 것이다.[35]

이러한 구조적 배경 덕분에 유교의 신념 체계로 무장한 사대부 집단의 단단한 결속이 힘을 발휘할 수 있었다. 조선의 신흥사대부가 받아들인 유교의 핵심 사상은 민본과 왕도정치다. 천심은 곧 민심이며, 권력을 위임받은 군왕은 윤리 정치를 펼쳐 백성의 안위를 살펴야 한다. 민본 사상은 백성이 나라의 근본이며, 민이 나라와 왕보다 귀하다는 사상이다.

조선 건국을 주도한 정도전은 "대저 군주는 국가에 의존하고 국가는 민에 의존하므로, 민은 국가의 근본인 동시에 군주의 하늘이다"라고 천명했다. 맹자에 따르면, 왕이 백성을 위하지 못할 경우 천명이 바뀌는 혁명이 발생한다. 실로 조선왕조는 민생 안정을 국정 최대의 정책 목표로 설정했고, 이 기간 동안 국토 개간과 생산력이 증대되었다. 또한 양인 신분을 가진 자가 증가하고 노비의 신분이 향상되었다.[36]

유교의 민본과 왕도정치에 왕권이 따라야 한다는 사대부 사이의 공고한 합의는 엘리트 사이의 흔들리지 않는 원칙이었다. 이는 유교적 가치와 신권을 존중하지 않는 군왕에 대한 양반들의 빈번하고 일상적인 상소上疏와 두 번의 반정(연산군을 몰아낸 '중종반정'과 광해군을 몰아낸 '인조반정')에서 분명히 확인할 수 있다. 통치 철학을 넘어 삶의 실존적 의미를 부여하는 종교로까지 격상된 유교는 정치적 항거를 위한 정보와 신념을 사대부 집단에 제공한다. 유학자들은 선을 넘어버린 군왕을 바로 알아보고 모두가 함께 대항할 수 있다고 확신했다. 덕분에 '정부의 역설'은 크게 완화되고, 왕권과 신권이 어느 정도 균형을 이룬 중앙 집중형 제한 군주제가 조선에서 오랫동안 불안한 부침 속에서도 유지되었다.

여기에 정도전의 선구자적 제도 설계가 왕권과 신권의 균형을 더욱 굳건히 뒷받침했다. 견제와 균형의 원리를 조선의 국정에 도입한 것이다. 제임스 메디슨에 훨씬 앞선 획기적 시도라 할 만하다. 양반 관료 국가로 규정되는 조선의 중앙 정치제도의 핵심은 의정부와 육조다. 육조직계제六曹直啓制(의정부의 실무를 폐지하고 육조에서 직접 임금에게 국무를 보고하도록 한 제도)에서 알 수 있듯이 육조는 왕권을 상징하고, 국정을 심의하는 기능을 지닌 의정부는 신권을 상징한다.[37]

각각의 정치적 중요성은 시대적 상황에 따라 조금씩 형태를 달리했다. 예를 들어, 집현전 등을 통해 유교를 확고히 뿌리내린 세종의 재임 기간에는 의정부의 심의 기능이 주요했다. 하지만 태종과 세조의 경우 왕권을 강화하기 위해 육조직계제를 실시했다. 이는 왕이 국가행정을 담당하는 중앙 국가기구를 직접 관장코자 하는 조치였다.

시대에 따른 차이에도 불구하고 의정부와 육조를 매개로 한 왕권과 신권의 견제와 균형은 조선 정치의 기본 구조였다. 또한 사헌부와 사간원 역시 왕권과 신권의 균형을 뒷받침했다. 사헌부가 백관百官을 감찰하고 사간원은 국왕의 정책과 처신을 간쟁하였다. 의금부 등이 왕의 사법적 권한을 뒷받침하였다면, 홍문관을 비롯한 언관은 군왕의 권한을 견제하는 기능을 수행했다. 즉 조선 곳곳에서 왕과 신하 사이에 견제와 균형이 이루어졌다.

의정부가 주관하는 어전회의는 군왕의 행위에 대한 집합적 판단을 내리는 장이다. 유교가 대원칙을 제공하지만, 구체적 현실은 복잡하고 애매모호하다. 누구는 군왕이 선을 넘었다 하고 누구는 아니라고 생각한다. 토의와 심의가 필요한 순간이다. 조선의 양반 관료는 최고심의기관인 의정부와 언관인 홍문관, 사간원 등의 도움으로 정보의 문제를 해결할 기회를 가질 수 있었다. 이에 힘입어 양반 관료는 유교적 가치를 훼손하고 권력을 남용하는 군왕에 집단적으로 대항할 수 있었다. 결과적으로 보면 조선은 전통시대 집단독재의 훌륭한 표본이었다.

독재의 원리

Principle of Dictatorship

1. 조정調整, 권력의 원리

외부인에게 무자비한 폭력을 행사하는 무리 내부를 들여다보면 폭력이 아닌 여론이 관찰된다고 정치철학자 데이비드 흄David Hume은 말한다. 소수는 여론에 기대어 뭉쳐서 다수의 비조직화된 대중을 위협하고 폭행한다.[38] 수적으로 열세인 경찰이 절대다수의 시민을 통제하는 것도 같은 원리다. 조직화된 소수가 "한 명만 패면" 결국 오합지졸의 다수는 침묵하고 묵종하고 지배를 받아들인다.

농촌에서 도시를 포위하는 전략으로 중국 혁명을 이끈 마오쩌둥은 "권력은 총구에서 나온다"고 말한다. 분명 폭력은 어떤 능력보다도 근본적이다. 재력을 잃은 자는 다시 일어설 수 있으나 죽임을 당한 자는 그것으로 끝이다. 한 자루의 싸구려 총이 값비싼 다이아몬드를 이긴다. 문제는 총구의 방향이다. 독재자를 지키는 보초의 총구는 밖 혹은 안을 향한다. 권력의 원천이 순전히 총이라면 총을 쥔 보초가 자고 있는 무방비의 마오쩌둥을 압도하는 게 마땅하다. 결국 총이 아닌 총을 쥔 자의 마음이 권력의 원천인 것이다.

권력을 잡고 유지하기 위해서는 한 자루가 아니라 수백 수천 자루의 총과 칼이 필요하기에 수백 수천의 마음이 어디로 향하는가에 모든 게 달렸다. 그런데 각자의 마음은 무작위적이지 않다. 한 자루의 총을 쥔 각자의 마음은 다수의 마음이라 여겨지는 여론을 따른다. 자연스럽게 모두가 한 방향으로 총구를 들이댄다. 이렇게 조직화된 소수가 다수를 지배한다. 서로의 마음이 무엇인지 알 수 없는 상황, 권력의 중심이 둘로 갈라지는 망조(한비자의 표현으로는 '망징亡徵')가 들 때만 서로에게 총질한다. 여론이 헷갈리는 상황이다.

그런데 여론은 개개인 마음의 산술적 총합이 아니다. 언론·집회·결사의 자유가 없을 경우 산술적 총합과 여론 사이에는 종종 심각한 괴리가 일어난다.[39] 독재자에게 모두가 충성한다는 여론 덕분에 잠자리를 지키는 보초를 감시하는 상위의 조직은 따로 필요 없다. 서로가 말없이 서로를 지켜보는 것으로 충분하다. 누군가 잠자는 폭군을 암살하고 싶지만 같이 있는 동료가 겁난다. 아뿔싸! 그 동료도 암살의 유혹을 느끼지만 또 다른 보초가 두렵다. 폭군을 경멸하는 모두가 폭군을 지키고 있다. 이것이 여론의 위력이다.

여론은 서로의 선택을 맞추는 조정coordination을 돕는다. 이 조정이야말로 폭력을 행사하는 소수의 지배 집단 내부를 질서 정연하게 만드는 근본 원리다. 폭력 조직의 구성원은 살아남고 출세하기 위해 다수의 선택에 자신의 선택을 무조건 일치시킨다. 한마디로 조정 게임이다. 소수의 폭력 집단은 우두머리 혹은 중앙권위체로 똘똘 뭉쳐 조정된 상태다. 반대로 지배당하는 절대다수는 인물이나 가치로 뭉치는 데 실패하고 흩어져 묵종하게 마련이다. 다수가 묵종하니 자신이 묵종하는 피지배 집단 역시 한쪽으로 조정된 상태다. 위와 아래의 이중 조정 덕분에 지배 집단은 폭력을 직접 행사하지 않고 일정 기간 동안 질서를 유지할 수 있다.[40]

이렇듯 조정 게임은 인류 역사의 불편한 진실, 소수가 절대다수를 지배하는 독재의 근본 원리다. 독재의 작동 원리를 깊이 음미하기 위해 조정 게임의 다양한 특징을 좀 더 살펴보자.

간단한 조정 게임으로 교통질서가 있다. 1000명의 주민이 거주하는 섬에 단 하나의 일주 도로만 있다고 가정하자. 우연히 몇몇 사람들이 우측으로 다니고 다른 이들도 점점 따라할 경우, 혹은 모두의 존경을 받는 지도자의 결정으로 다수의 사람들이 우측으로 통행할 경우 다른 나머지 사람들 역시 자신의 안전을 위해 다수의 선택에 맞추어(조정하여) 우측통행을 한다. 무단 횡단도 다수의 선택에 따라 결정되듯 말이다. 다수가 서 있으면 그냥 기다리고 다수가 건너면 나머지도 따라 건넌다.[41]

국가 이전의 자연 상태는 만인에 대한 만인의 전쟁이 아니었다. 태초에 관습이 있었다. 무정부는 무질서가 아니다. 정부 없이도 공동체의 자치가 가능하다고 믿은 무정부주의자의 바람처럼 대부분의 시간 동안 우리는 그렇게 살았다.

사실 우리 삶은 너무 다양하고 복잡해서 국가의 강제력이 일일이 개입한다는 것 자체가 불가능하다. 그리고 추상적인 공리로부터 연역적으로 세워진 도덕 원칙이 아니라 모두가 따르는 관습에 힘입어 질서가 생겨났다. 오랜 관습은 우리가 어디로 어떻게 조정해야 하는지를 알려준다. 외국에 나가 처음에 힘든 이유도, 그리고 며칠 만에 적응할 수 있는 것도 모두 관습 때문이다.[42]

사회질서의 기초가 계약이라는 홉스와 루소의 말은 틀렸다. 관습과 전통이 보다 근본적이라는 흄의 말이 맞다. 오늘날 20~30대는 대한민국 헌법에 서명을 하거나 명시적 동의를 요청받은 적이 없다. 계약의 대원칙인 자발적 동의가 부재하다. 그저 젊은이는 과거 다수의 선택에 따라 현재 관습적으로 복종할 뿐이다.[43]

비단 헌법만이 아니다. 학기 초 자리가 정해지는 모습에서도 질서가 어떻게 만들어지는지 관찰할 수 있다. 각자는 이런 저런 이유로 꾸준한 점유를 통해 특정 자리(맨 앞자리 혹은 맨 뒷자리가 특별히 인기가 있음은 주지의 사실이다)에 대한 권리를 획득한다. 소위 '찜'이다. 이제 누구도 고의적으로 그의 점유권(사용권)에 도전하지 않는다. 수업을 자주 빠지는 눈치 없는 학생이 엉뚱한 자리에 앉아 한 번씩 혼란이 일어나지만 말이다. 그러면 그 학생은 점유권자의 원망스러운 눈총을 받고 비로소 자신의 잘못을 깨닫는다.

사람뿐만 아니라 사회제도도 서로서로 맞추고 조정한다. 신혼살림에서 독일제 유명 브랜드의 식칼 세트가 인기가 많다고 치자. 한국 가정에 한 세트씩만 팔아도 엄청난 돈이다. 세계화 시대에 꼭 최첨단 반도체만 팔아야 하는 건 아님을 알 수 있다. 반도체와 달리 훌륭한 칼을 만들기 위한 담금질 기술은 대학에서 책으로 배울 수 있는 게 아니다. 오랜 훈련을 거친 숙련이 절대적이다. 실업교육 중심의 독일 교육제도는 독일 산업의 주종목과 맞닿아 있다. 한 개 제도만 뚝 떼어내어 따라 배우자는 주장이 틀린 까닭이다. 미국 고등학생의 대학 진학률은 우리나라처럼 꽤 높다. 미국에서 큰돈을 벌어오는 산업은 제약, IT 등 주로 고학력자들이 필요한 분야다.[44]

사람은 사람들과, 제도는 제도들과 서로 조정한 상태이기에 사회는 경로 의존적path-dependent이다. 경로 의존성은 새로운 대안(가지 않은 길)으로 변경할 경우 발생하는 기회비용(지금까지의 돈과 땀)이 시간이 갈수록 증가하는 현상이다.[45] 일단 한쪽 길에 들어섰으면 다른 길로 바꾸기가 어려운 우리네 인생과 닮았다. "노란 숲속의 두 갈래 중 풀이 더 많고 사람이 걸은 자취가 적은 길을 택했다. 그리고 그것 때문에 모든 것이 달라졌다"고 회고하는 어느 시인의 말처럼 "길은 길로 연하여 계속된다." 인생처럼 사회도 그렇다. 독재의 길도 한 번 들어서면 돌이키기 어렵다.

질서와 관습 등 모두의 선택이 일치한 상태는 조정 게임의 내쉬 균형Nash equilibrium과 같다. 내쉬 균형은 조정의 이해가 강한 상호작용에서 일방적으로 혼자서만 자신의 선택을 바꿀 유인이 없는 상태다. 단, 상대와 함께 움직인다면 새로운 선택으로 변경할 유인이 생길 수는 있다. 상대의 선택과 관계없이 배신하는 게 유리한 '죄수의 딜레마 게임'과는 근본적으로 다른 부분이다.

카카오톡과 라인 등 웹 메신저 서비스의 경쟁을 통해 내쉬 균형을 좀 더 살펴보자. 일단 카카오톡이 라인을 압도하면 카카오톡의 승리는 지속적으로 이루어진다. 새로운 웹 메신저 이용자들은 친구들과 연결되고 싶은 마음에 모두 카카오톡을 선택한다. 조정이다. 상당수가 일시에 라인으로 변경하지 않는 이상 어느 누구도 혼자서 일방적으로 라인으로 옮겨가지 않는다. 매일매일 몇 명씩 이동해서는 변화를 만들 수 없고 다수가 동시에 새로운 선택을 하기는 쉽지 않다. 웹 메신저 서비스 시장에서 카카오톡이 바로 내쉬 균형이다.

조정의 내쉬 균형은 세상이 쉽게 바뀌지 않는 이유이기도 하다. 다수의 동조가 없다고 믿을 경우 각자는 현재 자리에 그대로 머무른다. 다수가 새로운 변화를 염원할지라도 조정의 딜레마로 인해 현상은 유지된다. 오랜 기간 조금씩 축적된 양적 변화가 질적 변화를 만들어내지 못하는 이유다. 모두가 독재자를 속으로 반대해도 그가 결국 침상에서 생물학적 죽음을 맞이할 수 있는 이유이기도 하다.

조정 게임은 왜 우리가 더 나은 대안을 위해 함께하지 못하는지를 보여준다. 뼈 반 고기 반인 자그마한 토끼 고기보다 함께 사냥해야 잡을 수 있는 사슴 고기가 모두에게 더 이득이다. 하지만 다른 이들이 사슴 사냥에 동참한다는 확신이 없기에 대부분은 토끼 사냥에 만족한다. 혼자서만 사슴 사냥에 나선다면 그는 그날 저녁을 굶어야 할지도 모른다. 이것이 장 자크 루소의 '사슴 사냥 게임' 이야기다.

빈곤의 악순환을 보여주는 다음의 조정 게임 모델에 따르면, 나쁜 내쉬 균형(2, 2)과 좋은 내쉬 균형(5, 5)이 나란히 공존

빈곤의 악순환 게임

행위자 B / 행위자 A	협력	배신
협력	5, 5 (경제발전)	0, 4
배신	4, 0	2, 2 (빈곤)

한다. 만약 상대가 배신을 선택한다고 믿는다면 나도 배신을, 상대가 협력을 선택한다고 믿는다면 나도 협력을 선택하는 게 최선이다. 나쁘나 좋으나 두 경우 모두에서 일방적으로 자신의 선택을 변경할 유인이 없다.

이 게임 모델처럼 두 명만 사는 사회라면 나쁜 균형에서 벗어나는 해결책은 간단하다. 전화 한 통으로 서로의 선택을 조율하면 그만이다. 그런데 사회 구성원은 보통 수십, 수백만 명 이상이다. 더 나은 선택이 무엇인지 알지만, 그러자면 수많은 이들이 함께 새로운 선택을 한다는 믿음이 필요하다. 혼자 움직이면 큰 낭패를 볼 수 있기 때문이다.

익숙한 삶을 추구하는 사람들은 다수의 새로운 선택을 쉽게 믿지 않는다. 그렇다. 몰라서 바꾸지 못하는 것이 아니다. 무임승차의 이기심, 배신의 두려움도 아니다. 협력할 용의가 있어도 구질서를 바꾸기란 쉽지 않다. 다수가 서로서로 생각을 소

숫자 맞추기 게임과 정치질서의 다양성

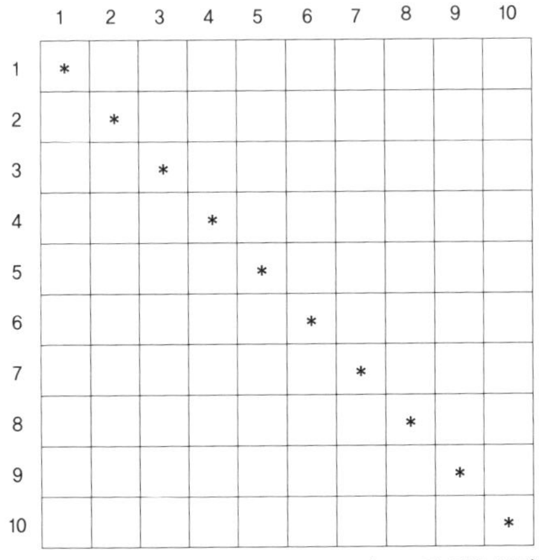

(*: 조정 균형, 상금)

통하지 못하기 때문이다. 가난한 나라가 계속 가난한 이유다.[46] 이래저래 절대다수가 끔찍이 싫어하는 (개인)독재도 마찬가지 이유로 지속된다.

조정으로 사회질서를 재조명할 경우 우리는 (정치)질서의 다양성을 쉽게 설명할 수 있다. 위의 '숫자 맞추기 게임'을 들여다보자. 두 명의 참가자가 서로 말하지 않고 종이에 1에서 10까지 숫자 중 하나를 적는다. 두 사람이 적어낸 숫자가 일치하면 각자 10만 원의 상금을 받을 수 있다. 하지만 일치하지 않으면 아무것도 얻지 못한다.

게임의 이런 규칙 때문에 참가자는 조정의 이해를 가지고 있다. 그래서 나의 선택은 상대의 선택에 대한 나의 기대에 달렸다. 그리고 상대의 선택에 대한 나의 기대를 상대 역시 예상하려 노력한다. 이 과정은 무한 연결될 수 있다. 사실 이런 복잡한 생각을 의식적으로 하지 않고도 우리는 무작위적 뽑기보다 숫자를 훨씬 잘 일치시킨다. 문화와 관습, 혹은 약간의 눈치 덕분이다.

이 게임에서 상금이 주어지는 수의 조합은 총 10가지다. (1, 1), (2, 2)…(10, 10)의 상황이 모두 내쉬 균형이다.[47] 이 간단한 게임에서 사회질서가 다양한 이유를 발견할 수 있다. 지구촌 여기저기 산재한 각각의 공동체는 자신들만의 숫자 맞추기 게임을 하는 셈이다. 사회마다 함께 적어낸 숫자가 다를 뿐이다.

공동체에서 가장 중요한 숫자 맞추기 게임은 정치질서를 만드는 것과 같다. 즉 사회 규칙과 질서를 강제할 수 있는 능력인 '국가권력을 어떻게 나누고 제한할 것인가'라는 최상위 규칙을 정하는 게임이다. 여기서 각각의 숫자를 국가권력의 점유자가 누리는 독재 권력의 정도로 상상해보자. 순수한 개인독재는 모두가 10으로 조정한 상태다. 이 내쉬 균형에서 누구도 일방적으로 선택을 변경하지 않는다. 단, 모두가 함께 다른 숫자를 고른다면 정치질서는 변한다. 이것이 쿠데타 혹은 혁명이다.

숫자 맞추기 게임에서 확인했듯이 정치제도의 조정은 우연적이다. 산악 지형인지, 늪지대인지, 농경사회인지, 석유 등 천연자원이 풍부한지 등 다양한 지리·경제·문화·국제경제적 조건이 공동체의 조정에 영향을 미친다. 예를 들어 그리스의 산악 지형과 네덜란드의 많은 호수와 늪은 민주주의로의 조정에 유리했다. 전차나 말 따위의 속도와 침투에 유리한 병기를 사용할 수 없는 지형 덕분에 시민의 자발적 무장만으로도 외부의 공격을 쉽게 막을 수 있었기 때문이다.[48]

한편 아프리카, 동남아시아, 중앙아시아의 석유나 목재 같은 풍부한 천연자원은 독재로의 조정을 조장했다. 아프리카 시에라리온의 군벌들은 긴 강을 따라 퍼져 있는 핑크빛 다이아몬드를 국제시장에 내다 팔아 손쉽게 무기를 구매할 수 있었다. 또 아프가니스탄의 탈레반은 고산지대에서 잘 자라는 양귀비에서 추출한 고급 아편으로 군자금을 마련했다. 그 덕분에 이들 지역 무장단체가 지배와 정복을 위한 재정적 자원을 구하는 과정에서 주민들의 동의나 도움은 필요 없었다. 게다가 무장지배 세력은 주민들이 자산을 옮기거나 은폐하는 걸 걱정할 필요도 없었다.[49]

여기에 역사적 우연도 한몫했다. 제국의 몰락, 독립, 내란, 전쟁 등이 사회를 뿌리째 흔들어버린 후 뒤이은 위대한 지도자의 제안이나 외부 사조의 도입 등이 새로운 내쉬 균형으로 사회 구성원을 몰아가면서 정치제도가 변하기도 했다.[50] 이렇듯 다양한 역사적 우연에 힘입어 정치질서가 조정되고 나면 사회가 경로 의존적으로 지속된다.

그렇다면 독재정치에서 왜 조정 게임일까? 죽고 죽이는 피비린내 나는 독재에서 다수의 선택에 편승하려는 이해가 절대적이기 때문이다. 이는 카카오톡이 따라갈 수도 없을 정도다.[51]

자기만의 차별적인 취향을 자랑스러워하는 문화 소비자는 이름 없는 인디밴드의 열성팬임을 공공연히 자임한다. 하지만 독재정치에서는 어림없다. 다수파가 아닌 소수파를 공개적으로 지지했다가는 투옥, 고문, 총살이다. 반대로 승리자에게 붙은 이들은 권력의 한 자락을 잡거나 '목숨만은 건사하는' 은사를 누린다. 독재와 권력투쟁에서 조정은 생사의 문제다.

2. 슈퍼스타와 독재자

승자독식의 독재자와 꼭 닮은 슈퍼스타에 대해 잠시 이야기해보자. 영화 〈라라랜드〉에서 배우로 성공을 꿈꾸는 미아(엠마 스톤 분)는 할리우드 스타들이 드나드는 유명 커피숍에서 아르바이트를 하면서 틈틈이 오디션에 지원한다. 어릴 적 이야기를 풀어내는 재주가 있는 아름다운 그녀지만 실패에 실패를 거듭한다. 모든 것을 포기하려던 순간, 우연히 영화 제작자가 참패로 끝난 그녀의 일인극에 강한 인상을 받아 연락한다. 그의 눈에 들어 한 편의 대작에 참여하면서 그녀는 대성공의 탄탄대로를 걷는다. 아름다운 저택에 모든 것을 갖추어놓고 남편과 저녁 식사를 위해 집을 나선다.

한편, 재즈를 사랑하는 그녀의 전 남자친구 세바스찬(라이언 고스링 분) 역시 근사한 재즈 공연 바를 열어 자신의 꿈을 이룬

다. 하지만 그의 성공은 그녀에 비할 바가 못 된다. 각자가 뛰어든 시장의 크기와 상품의 생산방식(영화 상영과 재즈 공연)이 질적·양적으로 다르기 때문이다.

영화와 공연의 시장 차이에 주목하면 슈터스타의 조건을 쉽게 찾을 수 있다. 첫째, 상품 한 개를 더 생산하거나 혹은 서비스를 한 번 더 제공하는 데 발생하는 한계생산비가 매우 저렴해야 한다. 쉬운 예로 광화문의 이순신 동상 같은 공공재를 들 수 있다. 동상이 세워지고 나면 광화문에 놀러온 새로운 구경꾼에게 들어가는 공급 비용은 없다. 공공재만이 아니다. 인터넷 강의에서 시스템과 강의가 준비되면 태블릿 피시와 등록비를 지불한 수강자에게 들어가는 추가 비용은 거의 없다. 이와 달리 세바스찬은 재즈 공연 때마다 직접 연주를 해야 한다. 디지털 음원이 한계비용 없이 무한 재생되는 모습과 대조적이다. 영화와 연극도 마찬가지로 대비된다. 원본 필름(마스터 포지)이 일단 만들어지면 복사에 드는 비용은 거의 없다. 반대로 연극은 배우가 무대에 직접 올라야 하는 시간적·공간적·체력적 제약이 따른다. 그래서 인기 뮤지컬의 주연은 서너 명이 돌아가면서 맡는다. 음원, 인터넷 강의, 영화 등 한계생산비가 저렴한 상품 시장에서만 슈퍼스타가 탄생하는 이유다.

둘째, 시장의 수요가 충분히 커야 한다. 세바스찬이 사랑한 재즈 공연 시장은 협소하다. 영화의 시장 규모가 메이저리그라면 재즈 공연은 더블에이AA에도 미치지 못한다. 반짝 인기를 누린 동계올림픽 종목인 컬링 선수들은 운동만으로 생계를 이어가기가 어렵다. 시청 수요가 거의 없기 때문이다. 반면 많은 구경꾼을 몰고 다니는 NBA 농구에서는 천문학적 수입을 올리는 선수가 나온다. 한계생산비가 거의 없고, 엄청난 수요가 있는 시장에서는 오직 소수의 슈퍼스타만이 살아남는다.[52]

슈퍼스타는 승자독식이다. 그리고 승자독식의 세계는 당연히 불공평하다. 농구에서는 벤치에서 경기를 시작하는 '식스맨'이라 불리는 선수가 있다. 실력 면에서 그는 주전 선수에 약간 못 미칠 뿐이다. 하지만 그의 얼굴은 농구 포스터에서 찾아볼 수 없다. 그의 급여는 주전에 한참 못 미친다.

교통통신의 발달로 국내 및 세계 시장이 점점 더 통합되면서 조그마한 실력 차(많은 경우 객관적 측정이 가능하지도 않다)가 엄청난 경제적 차이를 불러오기도 한다. 예전에는 한 지역에서 이름난 소리꾼은 자신이 좋아하는 노래를 부르면서 여유롭게 살 수 있었다. 하지만 이제 그는 더 이상 노래할 곳이 없다. 유튜브를 열기만 하면 최고 가수의 노래를 마음껏 들을 수 있기 때문이다.[53] 소수 혹은 일인 독식이다. 나머지는 쓸쓸히 퇴장하거나 소수의 마니아층에 기대어 연명한다. 분배의 불평등만큼이나 경쟁은 치열하다. 승자의 수는 줄어들었지만 동시에 승리의 전리품이 더욱 커졌기에 능력 있고 야심 찬 일벌레들이 몰려든다.

독재정치도 마찬가지다. 전체 인구에 비하면 극소수지만 단 하나의 자리를 두고 야심만만한 이들이 불나방처럼 달려든다. 수천만 인구 중 독재자가 될 자질, 뻔뻔함, 자기기만, 잔인함, 과대망상, 무책임한 달변, 선택적 망각 등에서 탁월한 자질을 보이는 이들은 많다. 무한 경쟁의 라운드마다 몇 명씩 탈락하고 마침내 두세 명이 마지막 라운드를 펼친다. 인권, 법, 재산권 등 권력에 대한 어떠한 제어장치도 없기에 권력을 차지하면 모든 걸 가질 수 있다. 수많은 패배자는 형장의 이슬로 무덤도 없이 사라지고 경쟁이 치열했는지조차 기억하기 어렵다. 국가기록부가 모든 기록을 해당 날짜에 맞추어 낡은 종이에 새롭게 인쇄하는 등 조작·날조해버리면 그뿐이다. 종이에는 처음부터 모두가 빅브라더를 '불세출의 위인'으로 옹립했다고 적혀 있다.[54]

그렇다면 슈퍼스타의 운명은 미리 정해져 있는 걸까? 예측할 수 없는 우연이란 얼마나 중요할까?

슈퍼스타 탄생에 실력과 운이 차지하는 비중은 분야에 따라 많이 다르다. 테니스에서는 실력 차이가 거의 그대로 성적과 수입에 반영된다. 테니스의 경우 승리하기 위해서는 수백 수천 번 공을 치고 받아야 한다. 이는 수백 수천 번 동전을 던지는 것과 같다. 많이 던질수록 결과가 원래 확률에 수렴하는 큰 수의 법칙이 작동한다. 결과의 불확실성은 사라지고 조금이라도 실력이 앞선 자가 결국 승리한다.[55] 특히 남자 테니스에서는 극명하게 나타난다.

한편 연예계에서는 처음부터 운이 결정적이다. 세상에는 아름답고 노래 잘 부르고 춤 잘 추는 이들이 넘쳐난다. 그리고 이들의 우열을 가릴 객관적 잣대는 없다. 경연 날짜, 경연 순서 등 너무나 사소한 우연적 변수가 모든 걸 바꾸어버린다. 만약 경연에서 첫째 날 1번으로 연주한다면 1등은 물 건너간 거나 다름없다.[56] 〈라라랜드〉에서 영화 관계자가 여주인공 미아의 일인극을 보지 못했다면 그녀는 더 이상의 시도를 포기하고 고향 집에서 평범한 삶을 살았을 것이다. 슈퍼스타가 될 (필연적) 운명 따위는 없다.

마찬가지로 독재자 지망생은 주연을 꿈꾸고 청춘과 인생을 건 연습생의 운명과 닮았다. 스탈린 없는 소련은 생각할 수 없지만, 어쩌면 스탈린의 정치적 운명은 한 가지 우연적 사건에 전적으로 달렸던 것인지도 모른다. 갑작스런 죽음에 임박하여 레닌은 아내 크루프스카야에게 자신의 편지를 1923년 제12차 당대회에서 공개토록 한다. 그런데 이런저런 사정으로 편지는 1년 이상 묻혀버린다. 그사이 레닌은 사망한다. 만약 전체 소련공산당원의 절대적 존경을 받고 있던 레닌의 편지에 담긴 스탈린의 문제 많은 인성에 대한 비판과 총서기장직에서 그를 해임하라는 건의가 바로 공개되었다면 스탈린은 정치적으로 회복하기 어려운 타격을 입었을 테고, 소련의 역사는 크게 달라졌을 것이다. 그리고 소련에서 스탈린 격하와 개인 우상화 금지 운동이 조금만 더 일찍 일어났다면 김일성은 상당히 궁박한 처지에 몰렸으리라. 궁예의 관심법이 왕건을 지목했을 때 왕건이 황당한 표정을 지으면서 역심을 완강히 부정했다면 고려는 역사에서 사라졌을지도 모른다. 궁예의 처음 의도야 알 수 없으나, 당시 옆에 있던 최응의 조언대로 왕건이 순순히 잘못을 인정한 묘책이 고려의 건국을 위한 신의 한 수였다.

슈퍼스타의 반열에 오르기는 힘들어도 일단 올라서면 만사형통이다. 다시 영화 이야기로 돌아가보자. 영화 한 편 만드는 데 들어가는 천문학적인 비용 때문에 영화 산업은 실패의 위험을 최소화하려 한다. 몇 편만 연속해서 실패해도 자리를 내놓아야 할 정도로 영화사 사장은 파리 목숨이다. 위험을 줄이는 방편으로 영화사는 대중의 선호를 확인한 성공한 전작에 기대어 속편을 제작한다. 〈어벤져스〉 시리즈처럼 속편이 속출하는 이유다. 오랜 장기 여행(2박 3일 정도의 여행이 아니라)의 마지막 날 새로운 식당을 탐험하기보다는 지금까지 가본 식당 중 가장 마음에 드는 식당을 찾는 여행자의 마음이고, 인생의 황혼에 오랜 친구들과 시간을 보내고 싶은 마음이다.[57]

속편을 만드는 마음처럼 그다음에는 검증된 익숙한 얼굴을 출연시키고 싶다. 영화사는 그를 위해 엄청난 출연료를 지불할 용의가 있다. 이 때문에 무명의 배우가 문턱을 넘어서기가 어려운 것이다. 독재의 세계도 마찬가지다. 전도유망한 신인은 없다. 고리타분한 조연만 넘친다.

슈퍼스타는 정규분포normal distribution가 아닌 멱함수power-law 그래프의 세상에 등장하는 인물이다. 평균에서 한참 벗어난 사건은 발생할 가능성이 거의 없는 정규분포와 달리, 멱함수 분포에서는 엄청난 극단값을 가진 사건이 드물지만 발생한다. 연예인의 소득, 도시의 크기, 논문의 인용 횟수 등이 그렇다. 인기가 인기를 몰아오고, 젊은이로 가득 찬 도시가 더 많은 젊은이를 유인하기 때문이다. 만약 인간의 키가 도시의 크기처럼 멱함수 분포를 보인다면 많은 사람들이《백설공주》의 일곱 난쟁이처럼 키가 작을 테고, 아주 드물긴 하지만《잭과 콩나무》에 나오는 거인 같은 사람도 있을 것이다. 멱함수의 세계에서 평균과 표준편차는 의미가 없다. 오히려 평균은 우리의 판단을 어지럽힌다.[58]

역사 속 수많은 독재자의 권력 정도를 그래프로 나타내면 멱함수에 가까울 것이다. 대부분은 고만고만한 권력을 가지고 통치한다. 그리고 정치적 수명 역시 그리 길지 않다. 그런데 아

정규분포 그래프

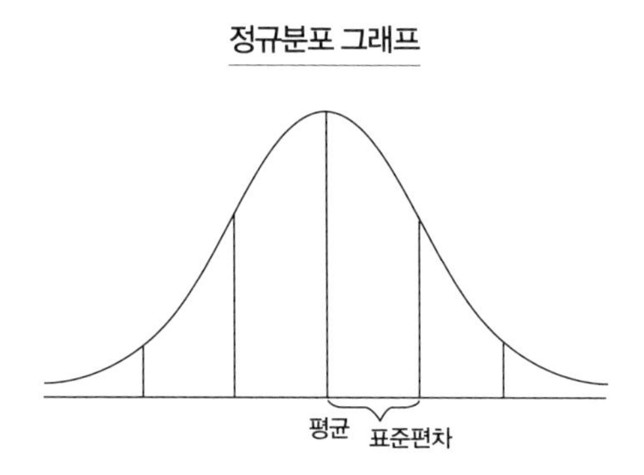

멱함수 그래프

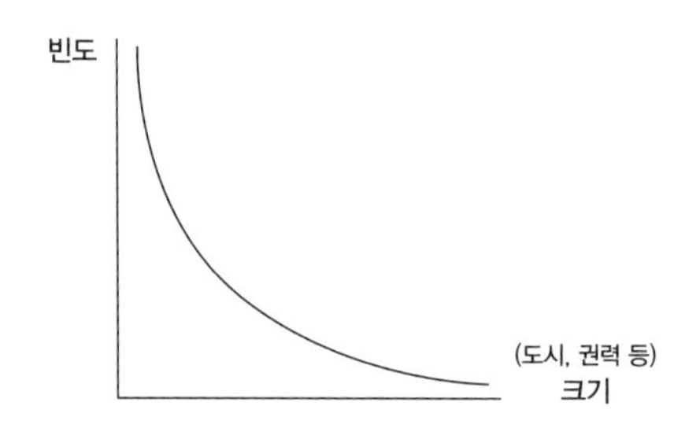

주 가끔은 역사에 길이 남을 악명 높은 독재자가 나온다. 모두가 그 앞에서 숨죽이거나 진짜 죽음을 면치 못하는 절대 권력의 소유자들 말이다. 이들이야말로 천상천하 유아독존의 절대 지존이다.

대부이자가 원금에 이자를 낳는 것처럼 권력이 권력을 낳기에 극단적 현상이 발생한다. 기존 권력의 크기에 비례하여 변하는 권력의 지수적 성장exponential growth의 비밀은 선택의 상호 의존에 있다. 선택의 상호 의존은 다른 사람의 선택에 영향을 받은 어떤 이의 선택이 또 다른 이에게 영향을 미치는 현상으로, 각자의 선호와 의지에 따라 독립적으로 행동한다는 주류 경제학의 규범적 가정과 달리 개인은 많은 경우 타인의 선택에 커다란 영향을 받고 다른 이에게 큰 영향을 준다는 뜻이다. 이 때문에 편승과 쏠림이 나타나기도 한다. 대표적으로 패션, 소문, 전염병 등이 그러하다.

그런데 이보다 더 강력한 상호 의존성이 독재정치에서 작동한다. 권력투쟁에서 자아 표현, 자아실현은 없다. 죽고 죽이는 섬멸전의 소용돌이 속에서는 정의감도 비전도 빛을 바랜다. 이기거나 지거나 둘 중 하나다. 줄을 제대로 서야 목숨을 보존하고 출세할 수 있다. 특히 가장 길게 늘어선 줄 뒤에 서야 한다. 그 줄의 주인이 곧 승자다. 초반의 혼란스러운 이합집산이 잠잠해지고 나면 얼마나 많은 사람들이 누구를 선택했는지가 다음 사람의 선택을 거의 전적으로 좌우한다.[59]

다음의 그래프에서 x축은 시간이고 y축은 지지자의 수에 해당한다. 변곡점에 다다르기 전까지 이 곡선은 바로 전 지지자의 수에 비례해서 증가하는 지수함수($y=a^x$)의 특징을 보여준다. 대세에 편승해야 하는 강력한 상호 의존적 압력 속에서 지지자의 증가는 체증곡선의 양상을 띤다.

지지자 수의 변화

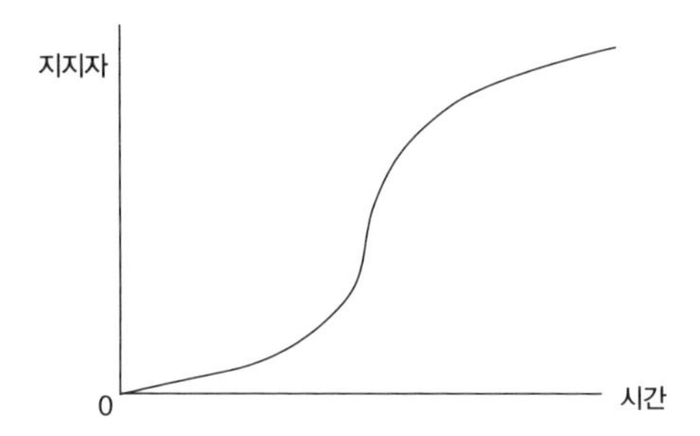

여기서 곡선의 접선 기울기에 주목하자. 접선의 기울기가 초기에는 아주 낮고 느리게 증가하다가 특정 임계점을 지나면 가파르게 상승한다. 상호 의존적 영향력이 본격화되는 시기다. 그러다가 시간이 더 경과하면 남은 자의 수가 많지 않기에 접선의 기울기(지지자 증가율)가 다시 완만해진다(전염병이 번지는 양상과 비슷하다). 결국 독재자 바이러스가 모든 숙주를 감염시키면서 승자독식을 완성한다.

3. 독재 권력의 원천,
여론

옛날옛날 갑돌이와 갑순이가 한 마을에 살았다. 둘이는 마음속으로 서로 사랑했지만 사회적 터부가 무섭고 지켜야 할 평판 때문에 갑돌이는 시큰둥하게, 갑순이는 쌩하게 서로를 대했다. 하지만 이들에게 무엇보다 필요한 것은 눈을 맞춘 대화다. 대화는 관계를 질적으로 변화시킨다.

연인들은 흔히들 100일 200일을 기념한다. 그러자면 연애의 시작에 대한 분명한 기준이 필요하다. 처음 만난 날? 처음 키스한 날? 스킨십의 진도와 상관없이 고백과 상호 인정으로 서로가 연인임을 믿는 날이 바로 시작일이다. 신윤복의 명작 〈월하정인도月下情人圖〉 속 글귀인 '양인심사 양인지兩人心事 兩人知'한 날이 연애의 시작이다.

연인은 혼자서 마음먹는다고 이룰 수 있는 관계가 아니다.

마찬가지로 정치적 도전 혹은 권력의 획득도 혼자 완성할 수 있는 과제가 아니다. 연인이 되고 싶은 갑돌이와 갑순이, 권력을 잡고 싶은 무리는 서로 밀도 있는 대화로 양인지를 이루어야 한다.

사회적 터부를 비롯해 다양한 기술적·정치적·법적·문화적 이유로 우리는 자유롭게 소통하지 못하고 종종 조정에 실패한다. 관심법觀心法에 통달하지 않은 이상 열 길 물속은 알아도 한 길 사람 속은 알 수가 없다. 둘이 아니라 수많은 사람들이 여기저기 흩어져 있으면 보고 듣고 느끼는 소통은 더욱 어려워진다. 이때 다수의 선택을 예상케 하는 통념, 관습, 문화, 성문법 등이 중요한 기준이 된다.

1930년대 영국의 어느 라디오 프로그램이 개최한 미인대회에서는 최고 미인을 맞춘 청취자에게 상금을 주었다. 최고 미인은 청취자로부터 가장 많은 표를 얻은 이가 차지했다. 따라서 상금을 원하는 청취자는 자신이 생각하는 최고 미인이 아니라 다수가 누구를 최고 미인으로 생각하는지를 고민해야 한다. 그래야 미인을 맞추고 상금을 탈 수 있을 테니까. 그러자면 미인에 대한 당대의 사회적 통념이 중요하다. 통념이 다수의 선택을 예상할 수 있도록 해주기 때문이다.

상금을 위해 다수의 생각을 읽어야 하는 이 미인대회는 피비린내 진동하는 권력투쟁과 꼭 닮았다. 등장인물만 바꾸면 된다. 미인은 권력투쟁에 뛰어든 예비 독재자들이고, 청취자는 권력투쟁에 사활을 건 엘리트다. 엘리트는 이들 중 한 명에게 지지를 보내야 한다. 자신이 후원한 후보가 이기면 엘리트는 자리와 부를 얻는다. 반대로 잘못된 선택은 비참한 몰락이 따른다.

엘리트는 자기 마음에 드는 자가 아닌 이길 것이라고 다수가 믿는 예비 독재자를 따를 마음의 준비가 되어 있다. 다만 다수의 선택을 받게 될 독재자를 미리 파악해야 하는 어려움에 직면해 있다. 다수의 청취자가 누구를 미인으로 생각하는지를 예상해야 하듯, 다수가 이길 것이라고 믿는 자를 어떻게든 맞게 예상해야 한다. 여기서 객관적으로 맞고 틀리고는 중요하지 않다. 다수가 그렇다고 생각하면 그것이 맞다.

다수의 기대와 예상이 하나로 수렴될 수 있도록 돕는 통념, 여론, 신념, 관습, 법 등을 조정 게임에서는 '공동지식common knowledge'[60]이라 부른다. 이 공동지식은 모두(대다수)가 알고 있다고 모두(대다수)가 믿는 '다인심사 다인지多人心事 多人知'다. 공동지식은 조정 게임에서 다수의 기대가 어디로 향하는지를 모두가 예상할 수 있도록 도와준다. 자연스럽게 형성되는 공동지식으로는 문화적·상황적 이유로 모두의 주목을 받는 초점焦點을 들 수 있다. 암묵적으로 통용되는 약속 장소, 시간(정오),

숫자 1 등이 그렇다.[61]

1980년대 대구 시민들은 약속이 어긋나면 동성로 대구백화점 앞을 서성거렸다. 마찬가지로 당시 서울 젊은이들은 '약속' 하면 강남역 앞 뉴욕제과를 떠올렸다. 중원을 탐하기 전 조조와 항우가 쇠락한 황제와 왕족을 내세워 세를 모은 이유이기도 하다. 모두의 주목을 한순간도 놓치지 않기 위해 높은 자리에 앉은 왕은 무거운 왕관을 쓰고 커다란 외투를 입고 기다란 지팡이를 들어야 한다.《이솝우화》의 존재감 없는 모기처럼 보이지 않기 위해서 말이다.

> 모기가 황소의 뿔 위에 앉아 한참 동안 쉬었다. 그곳을 떠나면서 모기는 이제 자기가 떠나도 괜찮겠냐고 황소에게 물었다. 황소가 말했다. "나는 네가 오는 것도 몰랐으니 네가 간다 해도 모를 거다."[62]

지형지물, 문화적 관습만큼이나 어떤 특정 계기가 초점이 되어 자연스럽게 공동지식이 발생할 수도 있다. 독재자는 반대 세력에게 이런 계기를 주지 않기 위해 늘 조심해야 한다.

'남산의 부장'(중앙정보부장) 김형욱은 1969년 박정희의 삼선 개헌을 앞두고 야당뿐만 아니라 여당 의원들도 대공분실로 불러서 고문했다. 왜 1969년일까? 이승만은 왜 1954년 11월에 연임 제한을 철폐하는 사사오입 개헌을 했을까? 왜 터키의 에르도안은 술탄에 버금가는 권한을 대통령에게 부여하는 헌법 개정을 2017년에 단행했을까? 푸틴은 종신 집권을 위한 헌법 개정을 왜 2020년에 했을까? 나라와 문화는 달라도 정치의 작동 원리는 같다. 선거가 있거나 가까운 해에는 시민들의 정치적 관심이 높다. 이때 반독재의 명백한 계기가 될 수 있는 헌법 개정은 자살행위다. 그래서 임기 중반이 딱 좋다.

이들보다 훨씬 센 독재 권력을 가진 김일성도 공식 제도를 바꾸는 일에는 신중을 기했다. 북한의 김일성이 언제 주석제를 도입했을까? 1956년 반종파투쟁 이후? 1960년대 빨치산파의 숙청 이후? 아니다. 1972년이다. 수많은 동료 공산주의자를 죽인 김일성이지만 자신의 절대 권력을 공식화하는 헌법 개정에는 조심스러웠다. 헌법 개정은 숨길 수 없는 명명백백한 정보를 모두에게 제공한다. 공동지식이 생겨나고 집단 반발을 수월하게 한다. 김일성은 숙청이 마무리되고 자신의 힘이 확고해질 때까지 인내심을 갖고 기다려 헌법 개정의 정치적 위험을 완전히 제거했다.[63] 이런 그의 독재 기술 덕에 거의 완벽에 가까운 개인독재를 자식과 손자에게까지 물려줄 수 있었는지도 모르겠다.

한편 관습이나 초점의 도움이 없을 때는 공동지식을 만들기가 만만치 않다. 공동지식을 엄밀히 정의하면 A가 X를 알고 있고, B도 X를 알고 있으며, B가 알고 있음을 A가 알고 있고, 이를 B가 알고 있다는 식으로 계속해서 연결되어 있는 정보 형태다. 단순하게 표현하면 모두가 X를 알고 있고, 이를 모두가 알고 있는 상태다.

공동지식과 달리 공유지식shared knowledge은 연결 고리가 어디선가 끊긴다. 2차적 공유지식의 경우 B는 A가 X를 알고 있음을 알지만, B가 이를 알고 있음을 A는 알지 못한다. 3차적 공유지식은 A는 자신(A)이 X를 알고 있음을 B가 알고 있다는 사실을 알지만, B는 이 사실(A가 모두 알고 있다는 사실)을 모르는 경우다. (3차적) 공유지식의 예로 모두가 들을 수 있는 스피커로 정보(공동지식)를 전달하는 대신, 두 명의 행위자가 불성실한 심부름꾼을 매개로 협력의 의사를 주고받는 경우(공유지식)를 상상해볼 수 있다. A가 알고 있는 사실을 B도 알고 있다는 걸 A에게 전달하지만, 심부름꾼 아이는 A에게 전달했다는 말을 B에게 전하지 않고 그냥 집으로 돌아간 상황이다. 실험 연구가 밝히고 있듯이 이 경우 조정은 자주 실패한다.[64]

그런데 사실 우리는 공동지식과 공유지식의 차이를 본능적으로 알고 있다. 오랜 친구 사이가 연인으로 발전하려면 고백이 필요하다. 그렇지만 잘못된 고백은 오히려 친구 관계마저 파탄 낼 수도 있기에 조심스럽다. 만나면 기분 좋은 여사친(여자 사람 친구)을 잃고 싶지 않다. 그래서 간접적 표현과 애매모호한 문구로 에둘러 고백한다. 마치 노련한 외교관이 작성한 공동성명서처럼 말이다. 말한 이의 의도가 꽤나 분명하지만 상대의 에두른 고백을 문자 그대로 해석한다면 서로가 어색한 마음을 피하고 다시 친구 사이로 돌아갈 수 있다. 공유지식은 있지만 공동지식이 없기 때문이다.[65]

카카오톡의 단톡방은 공동지식의 원리를 응용한 훌륭한 사례다. 모임을 정하기에 앞서 사람들은 이것저것 묻는다. '누구누구 와?' '많이 나와?' 술자리나 파티나 다수의 선택에 맞추고 싶은 조정이다. 예전에는 참석 여부를 일일이 묻고 이를 다시 모두에게 전달하는 방식이라 무척 번거로웠다. 모임을 주최하는 자는 번거로운 메일을 몇 번에 걸쳐 모두에게 보내야 했다. 지금은 단톡방에서 숫자가 사라지면 모두가 메시지를 읽었다고 모두가 생각한다. 공동지식이다.

단톡방과 달리 귓속말은 공동지식을 만들어낼 수 없다. 기껏해야 고차원적 공유지식을 만들어낼 뿐이다. 서로가 알고 있다는 고리가 어디에선가 끊긴다. 사회적으로 터부시되는 내밀한 비밀을 가진 이가 동료를 한 사람씩 따로 만나 귓속말로만 비밀을 털어놓으면 모두가 알아도 여전히 서로는 이 사실을 모른 체해야 하는 것처럼 말이다.[66] 바로 여기에 언론의 자유가 금지된 비밀스러움의 위력이 있다. 공개적으로 떠들 수 없다는 규칙만으로도 공동지식의 형성을 쉽게 저지할 수 있다.

귓속말의 한계는 예비 독재자에게 유리하게 작동한다. 아직까지 개인독재와 집단독재의 기로에 서 있는 정권 수립 초기에는 공공연한 의사 교환은 어렵지만 귓속말 정도는 가능하다. 철통같이 소통을 차단하고 싶겠지만 아직까지는 1인자의 독재 권력이 충분치 않다. 많은 명망가의 도움을 받고 있는 초기 혁명 정권은 개인독재에 이르기까지 아직 갈 길이 멀다. 공식적·공개적인 파벌 활동은 어렵지만 여전히 마음 맞는 혁명가들끼리 비밀스럽게 수군거릴 수는 있다. 하지만 이런 수군거림과 귓속말은 광범위한 공동지식을 만들어낼 수 없다.

공동지식의 유무야말로 권력투쟁의 승패에 결정적이다. 권력투쟁은 전쟁을 닮았다. 목숨이 걸려 있고, 결과는 불확실하다. 한마디로 위험하다. 이 때문에 다수가 일거에 들고일어나 충분한 세를 즉각적으로 보여주어야 승산이 있다. 함께 들고 일어난다는 공동의 믿음 없이는 집단행동(쿠데타나 혁명 등)을 선도하는 핵심 대중critical mass은 없는 것이나 다름없다.

만약 인권과 법치의 사회처럼 집단행동이 위험하지 않다면 소수의 선도 집단은 큰 부담 없이 자신의 결연한 의지를 공공연히 표출할 것이다. 다수의 동참이 불확실해도 상관없다. 늦게라도 후발 주자들이 동참하기만 하면 집단행동은 성공한다. 실패해도 시간 및 금전 낭비와 좌절감만 감수하면 된다. 하지만 독재정치에서는 이런 여유가 없다. 서로에 대한 강한 믿음으로 똘똘 뭉친 전위 조직만이 위험을 돌파할 수 있다. 이런 믿음 없이는 누구도 권력을 향한 도전을 시도하지 않는다.[67] 공자의 비판에도 불구하고 편협하게 똘똘 뭉치는 동이불화同而不和가 필요한 순간이다.

독재의 권력투쟁은 두 명의 총잡이가 사격 실력을 겨루는 황야의 총싸움이 아니다. 다채로운 군상들이 엉겨 붙어 뻔뻔한 거짓말과 귀를 아프게 하는 고성, 비밀스러운 눈짓, 과장된 환호 등으로 여세를 한쪽으로 몰아가는 여론전이다. 어긋난 선택은 곧 죽음이기에 초반전의 혼전 양상이 끝나고 나면 다수의 마음은 결국 한쪽으로 쏠리게 마련이다. 그 결과 다수가 권력을 잡는다고 기대하는 인물이 권력을 잡는다. (다수의) 기대가 현실이 된다. 자기실현적 예언이다.

1930년대 대공황기 당시 은행 앞에 길게 늘어선 줄을 본 사람들은 불안한 마음에 돈을 인출하기 위해 연이어 줄을 섰다. 사실은 은행 직원 몇 명이 감기로 결근해서 일손이 부족했을 뿐인데도 말이다. 이런 불안감은 도시 전체로 퍼져나가고, 어제까지 건전했던 은행은 파산하기에 이른다.[68] 다수가 같은 생각을 하면 꿈(불안)은 현실이 된다. 같은 꿈을 꾸기가 만만치 않을 뿐이다. 그래서 독재를 꿈꾸는 자와 그의 모사꾼들은 처음부터 열심히 떠든다. 힘을 숨기는 것이 아니라 과시하고 과장한다. 모두 함께 자기를 꿈꾸라고. 그래서 나팔수는 위력적이다. 공동지식을 만들 수 있는 스피커이기 때문이다. 다음《이솝우화》에서 반대편 나팔수가 죽어야 하는 이유다.

> 군대를 한곳에 모으는 나팔수가 적군에게 잡히자 외쳤다. "전사들이여, 까닭 없이 함부로 나를 죽이지 마시오. 나는 당신들을 한 명도 죽이지 않았고, 청동(나팔) 말고는 아무것도 가진 게 없소." 적군이 그에게 말했다. "그래서 너는 더더욱 죽어야 한다. 너는 전쟁도 할 줄 모르는 주제에 모든 사람들을 싸우도록 깨우니까 말이다."

나팔수뿐만 아니라 자연스럽게 초점의 대상이 되는 이들도 제거의 대상이다. 초점은 공동지식을 만들 수 있기 때문이다.《군주론》에서 마키아벨리는 정복한 땅을 다스리는 방법에 대해 다음과 같이 제안한다. "(언어와 문화가 동일한) 그러한 지역이라면 그 영토를 유지하는 것은 지극히 쉬운 일이며, 게다가 그 영토가 자치하는 데 익숙하지 못한 곳이라면 특히 쉬울 것이다. 그 영토를 확보하기 위해서는 단순히 그곳을 지배하던 군주의 가문을 없애버리는 것으로 족하다." 복종하고 싶은 신민들에게 그저 복종할 대상이 하나 주어지면 그들은 쉽게 한

쪽으로 조정한다. 왕좌가 하나인 이상 그 자리에 누가 앉든 신민들은 상관하지 않는다. 누구든 앉아 있으면 족하다.

마찬가지로 2인자 역시 죽어야 한다. 권력의 원천은 엘리트의 조정이고, 2인자는 반대 엘리트 조정의 자연스런 초점, 균형점이다. 폭정의 시대에 가장 피해야 할 자리다. 올림픽에서 은메달 선수는 괴롭다. 자신의 경기를 복기하면서 조금만 다르게 했다면 금메달을 딸 수도 있었다는 불편한 생각을 떨치지 못하고 시상대에 오르기 때문이다.

독재정치에서 2인자는 불편한 정도가 아니라 위태롭다. 민주주의 정치에서 2등은 나쁘지 않다. 차기 대선의 유력 주자다. 1등이 아니면 2등이라도 해야 한다. 그래야 세를 모을 수 있다. 반대로 폭군의 폭정 아래서는 2등이 아니라 차라리 등수에 들지 않는 편이 낫다. 아무리 충성하고 겸손해도 2인자는 폭군의 의심을 피하기 어렵다. 어쩌다 나온 헛기침이 폭군의 마음속에 의심의 씨앗으로 뿌리내리면 의심의 나무는 무럭무럭 자란다. 독재자는 잘난 2인자를 미리 잘라야 할 싹이라 결론짓는다. 서열이 적당히 낮아 목숨을 보전하면서도 후일을 도모할 수 있는 정도의 지위가 후계자를 꿈꾸는 야심가에게 안성맞춤이다.

스탈린은 웃으면서 "부하들은 승진 아니면 감옥"이라고 그들의 운명을 한 줄로 정리했다. 더 이상 올라갈 곳이 없는 2인자의 자리는 골치 아프다. 전임자 야고다를 숙청하고 비밀경찰의 수장으로 2인자 자리에 오른 스탈린의 앞잡이 니콜라이 예조프 역시 전임자와 똑같이 궁지에 몰렸다.

151cm의 조그마한 체구 때문에 '끔찍한 난쟁이bloody dwarf'라고 불리던 예조프의 유명한 사진(숙청 후 스탈린 옆에서 걷던 그의 모습은 사진에서 삭제 처리된다)을 보면 압제자의 명령을 기계적으로 집행하는 고문 기술자의 냄새가 날카롭게 풍긴다. 하지만 그는 스탈린의 사냥개에 불과했다. "영리한(레닌의 여동생은 그렇게 생각했지만, 이에 대해 레닌은 분명한 어조로 비웃었다) 스탈린은 사람들이 대숙청기를 '예조프시나Ежовщина'(예조프의 범죄라는 의미)로 부르도록 내버려두었다."[69] 전적으로 '끔찍한 난쟁이'의 잘못인 것처럼 말이다. 그러다가 대숙청이 마무리되는 1938년, 스탈린이 자신과 같은 고향 출신인 라브렌티 베리야를 내무인민위원회NKVD 제1부장으로 임명하자 눈치 빠른 예조프는 자신의 몰락을 직감하고 불안한 마음을 술로 달래다 알코올중독자로 전락했다. 하지만 목숨을 구걸하는 비굴함도 그를 살리진 못했다. 스탈린을 향한 충성의 대가로 그에게는 성적 일탈이라는 죄목이 하나 더 추가되었을 뿐이다.

장성한 세자 역시 위험한 2인자다. 영조는 조선에서 가장 장수한 왕으로, 아들 사도와 사이가 벌어질 당시 그의 나이는 70을 바라보고 있었다. 조선의 많은 왕들이 50을 넘기지 못했던 사정을 고려할 때 당시 영조가 십 년 이상을 더 산다고 믿은 이들은 거의 없었으리라. 마침 이때 아들 사도는 혈기 왕성한 젊은이였다. 자연스럽게 늙은 왕 대신 젊은 세자에게 정치적 미래를 건 이들(아마도 소론)이 모여들었으리라 충분히 상상이 된다. 그리고 영조는 이를 묵고할 수 없었을 것이다. 러시아의 가장 위대한 피터 대제와 그의 아들 황태자 알렉세이의 불행한 운명도 마찬가지다.

성장한 아들도 위협적인데 왕의 형제들은 두말할 나위가 없다. 형제를 처리하는 방식에서 오스만제국이 특히 악명 높다. 전임 술탄이 죽고 나면 각지에 흩어져 영주로 지내던 아들들이나 왕족들이 수도를 향해 질주한다. 문자 그대로 권력을 향한 경주다. 술탄의 아들들이 펼치는 권력투쟁은 궁정 암투를 넘어 내전으로 종종 발전한다. 메메트 2세Mehmet II 들어 패배자들은 보다 평화롭게(?) 처리되었다. 궁궐 한쪽에 이들을 모아놓고 비단실로 교살했다. 메메트 3세의 경우 19명의 형제와 2명의 아들, 그의 아버지의 자식을 임신한 15명의 노예를 그런 식으로 제거했다. 이후 경쟁자의 처리는 그나마 인간적인 방식으로 진화되어, 왕의 남자 친척들을 모두 톱카프 궁전에 감금시켰다. 목숨은 살려주었다.

선조가 이순신을 괴롭힌 건 비뚤어진 질투심만은 아니다. 그는 아마도 독재정치의 논리에 따른 불가피한 선택이라 변명

할지도 모른다. 군신軍神 이순신이 과연 자신에게 닥쳐올 먹구름을 몰랐을까? 분명 자신의 정치적 운명을 미리 숙고했을 것이다. 선조의 질투를 예상하고 수많은 전투 가운데 한두 번 정도 일부러 패하여 선조의 질투와 의심을 누그러뜨릴 수도 있었다. 하지만 그는 이 모든 정치적 고려를 무시하고 오로지 적을 섬멸하겠다는 일념으로 전쟁에 임했다.

햄릿과 흥선대원군의 이상 행동은 전제 군주의 눈에서 벗어나기 위한 2인자의 몸부림이다. '산으로 숨어라', '함부로 출세하지 마라', '바보처럼 살아라'는 살아남고 싶은 2인자가 취해야 할 처세다. 독재자의 눈을 피하기 위해서는 엘리트의 눈도 피해야 한다. 죽림칠현의 지혜다. 존경(장성택)을 구하지도 얻지도 말고, 일반 주민의 멸시(최룡해)를 오히려 고마워해야 한다. 북한의 장성택과 최룡해의 엇갈린 운명이다.

이제 공동지식과 조정의 원리로부터 늙은 독재자가 후계자 지명을 주저하고 거부한 이유가 분명해지는데, 영국의 엘리자베스 1세가 그러했다. 관절염으로 고생하고 우울증에 입맛도 잃고 지팡이에 의지할 정도로 노쇠했지만, 주위의 걱정과 애원에도 불구하고 오랫동안 후계자 자리를 비워두었다. 후계자는 독재자가 뽑는 2인자다. 후계자를 지명하는 순간부터 독재자의 독점은 허물어지고 권력은 금 간 물통의 물처럼 새어나간다. 독재자에 불만이 있거나 반대하고 싶은 이들은 이제 어디로 가야 하는지 잘 알고 있다.[70] 왜 그런 어리석은 짓을 했는지 반문하며, 독재자는 병상에서 죽음을 맞이하는 순간까지 자신의 후계자 지명을 후회할지 모른다.

그럼 김일성은 무엇이 다를까? 후계자 없이 죽으면 무슨 일이 일어나는지 김일성은 스탈린 격하 운동에서 분명히 알아차렸다. 무엇보다 아들 김정일이 현명했다. 북한이 선전하듯 김정일은 만사 제쳐두고 영화와 주체사상의 체계화로 아버지 김일성의 개인 우상화 사업을 주도했다. 충성스럽고 효심 가득한 2인자임을 줄기차게 아버지에게 읍소했다.

누가 독재자가 되느냐뿐만 아니라 독재의 종류도 공동지식에 의해 크게 좌우된다. 개인독재냐 집단독재냐는 엘리트 집단이 믿고 있는 공동지식의 내용에 달렸다. 앞서 살펴본 조선이 이를 분명하게 보여준다.

사대부는 어릴 적부터 유교 교육을 줄기차게 받아 왕도정치를 받드는데, 이를 모든 사대부가 믿기에 다른 사대부들 역시 자신들과 함께하리라는 걸 의심하지 않는다. 종교적 수준으로 격상된 유교와 왕도정치라는 공동지식이 왕권을 견제할 수 있는 사대부의 집단행동의 인지적 기초다. 이렇듯 엘리트 집단 내부의 공동지식의 내용에 따라 독재 정권의 숫자 맞추기 값(1, 2, 3…9, 10은 지배자의 독재 권력의 정도를 나타낸다)이 달라진다.

독재의 다양성이다. 그렇기에 개인 우상화는 독재자의 허무맹랑한 자기애가 아니다. 모두가 절대복종한다는 믿음을 공고히 하려는 여론전으로, 개인독재에 엘리트의 조정을 붙들어 매려는 영악한 시도다.

역사 속 수많은 절대적 개인독재자는 공동지식이 얼마나 중요한지 잘 알고 있었다. 소설 《1984》에서 빅브라더가 허름한 빌딩 사이사이에 걸어놓은 텔레스크린은 단순 구호를 반복할 따름이다. 구호와 상징은 투박하고 거칠다. 프랑스 파리의 아름다운 다리에 화려하게 장식된 N(나폴레옹의 첫 철자)자처럼 세련된 경우는 드물다. 온갖 소음으로 둘러싼 도시에서 누군가는 그 메시지를 모를 수도 있다고, 혹은 자신은 전달받지 못했다고 우기기란 불가능하다. 그 메시지의 핵심은 다음과 같다.

"21세기 찬란한 태양, 불세출의 영웅, 위대한 지도자에게 무조건적인 경의와 충성을."

모두가 절대복종한다고 믿을 때 자신의 합리적 선택은 바로 절대복종이다. 그리고 나의 절대복종은 또 다른 이의 절대복종을 심화시킨다. 그래서 개인독재에 반대하고 집단독재를 복원하고자 하는 이들은 가장 먼저 개인 우상화를 공격하고 금지한다. 단순히 독재자가 죽도록 싫어서가 아니다. 개인 우상화는 절대 권력을 꿈꾸는 야심가의 최강 공격 무기이기 때문이다. 스탈린 사후 소련이 그랬고, 마오쩌둥 사후 중국이 그랬다.

4. 다이내믹 소련

이제부터는 아마도 가장 끔찍한 개인독재와 매우 안정적인 집단독재가 서로 맞물려 있다고 할 수 있는 소련 정치사를 공동지식과 조정의 균형으로 재조명해보자. 소련 정치에서 악명 높은 스탈린 시대는 오히려 예외적이라 생각될 정도로 포스트 스탈린의 소련은 서로가 서로를 감시하고 소리 소문 없이 주위 사람들이 증발하는 전체주의와는 거리가 멀었다. 심지어 별개의 나라처럼 느껴질 정도다. 직업적으로 성공한 여인의 인생과 사랑을 그린 〈모스크바는 눈물을 믿지 않는다〉(1979)라는 소련 영화에는《1984》의 감시나 통제 따위는 없다.

소련 엘리트의 조정과 공동지식은 세 차례에 걸쳐 크게 변화했다. 스탈린 시대(1922~1953년)에는 열광적 개인 우상화, 흐루쇼프 시대(1953~1964년)에는 물리적 안전에 대한 엘리트의 공감대, 브레즈네프 시대(1964~1982년)에는 정치적 안전에 대한 엘리트의 분명한 합의가 존재했다. 이러한 엘리트 내부의 공동지식과 조정은 소련공산당의 위상과 독재자의 권력에 커다란 영향을 미쳤다.

레닌의 장례식 이후 스멀스멀 소련을 물들이던 스탈린의 개인 우상화는 레닌의 마지막 동료인 니콜라이 부하린을 숙청한 뒤 그 본모습을 드러냈다. 이로써 모두가 공개적으로 날마다 실천해야 하는 지상 최대의 과업이 되었다. 여기서 개개인이 독재자의 초능력을 진실로 믿는가는 중요하지 않다. 쉴 새 없는 개인 우상화는 모두를 설득하려는 목적이 아니다. 당의 집단독재를 부정하고 모두가 스탈린에게 절대복종한다고 믿는 공동지식을 단단히 고정시키는 대못질일 따름이다.

서로가 서로의 부끄러운 과장된 충성 맹세를 바라본다. 1번 관찰자는 옆의 동료 엘리트가 지루한 서류 작업에 재능을 보이는 독재자에게 절대 충성한다고 믿는다. 뒤질세라 1번은 목청껏 스탈린 만세를 부르고 그의 촌스러운 농담에 배꼽을 잡고 웃어댄다. 그의 관찰 대상자 2번 엘리트가 1번을 초조하게 지켜본다. 이전보다 더 큰 목소리로 만세를 외친다. 독재자의 절대 권력에 절대복종이라는 공동지식은 나선의 소용돌이처럼 심화된다.[71]

집단독재의 보루인 공산당은 이제 작동을 멈춘다. 절대 권력은 절대적으로 회의를 싫어한다. 앞서 집단독재에서 살펴보았듯이, 공산당 정치국과 중앙위원회 등 집단적 의사결정제도는 독재자의 권력 남용을 훼방할 수 있기 때문이다. 대숙청을 거치면서 스탈린 시대 소련공산당은 스탈린의 개인 부속물로 전락했다. 그는 필요에 따라 당을 이용하기도 하고 당을 무시하기도 했다.

1939년 제18차 당대회를 끝으로 1952년 제19차까지 13년 동안 스탈린은 한 번도 당대회를 소집하지 않았다. 중앙위원회는 아주 가끔 회합을 가질 뿐이었다. 그는 정치국을 소집하여 명령을 내리는 대신 어떠한 공식적 토의나 결정 없이 수하 중 한 명에게 자신의 명령을 하달했다. 스탈린은 주로 내무인민위원회라는 무소불위의 비밀경찰 조직을 통해 대공포라 불릴 정도의 공공연한 테러를 당과 인민 가리지 않고 모두에게 무차별적으로 가했다[72](스탈린의 독재는 4장과 5장에서 계속 다룰 예정이다).

많은 절대 권력의 독재자처럼 스탈린 역시 후계자를 지명하지 않고 사망했다. 권력 누수를 염려해서일 수도, 자신의 죽음을 믿지 않아서일 수도 있다. 이제 새로운 정치제도를 위한 전략적 기회가 소련 엘리트에게 열렸다.

스탈린 사망 이후 누구도 계승자의 지위를 공고히 하지 못한 안개 정국 속에서 흐루쇼프가 조금씩 자신의 입지를 확장하는 데 성공했다. 권력을 잡은 흐루쇼프는 스탈린의 개인독재와 대숙청의 공포정치가 막을 내리고, 공산당이 부활하고, 안정적인 집단독재로 전환하는 소련 공산주의의 과도기를 이끈 인물이다.

실제로 흐루쇼프 시대 내내 소련의 정치는 혼돈과 불안정의 연속이었다. 스탈린 사망 직후 집단독재의 틀 속에서 엘리트들은 이합집산으로 세력 균형의 정치를 펼쳤다. 하지만 몇 번의 대결에서 흐루쇼프가 승기를 잡으면서 권력투쟁은 빠르게 마무리되었다. 이후 흐루쇼프의 과도한 개혁 추진, 엘리트의 묵종, 반엘리트주의 대중 동원과 권위의 상실, 엘리트의 집단적 도전과 성공으로 사태가 숨 가쁘게 진행됐다.

사실상 흐루쇼프 시대의 부침은 엘리트 공동지식의 변화와 결부되어 있었다. 스탈린의 죽음과 함께 무차별적인 숙청을 통한 공포정치를 금지해야 한다는 데 엘리트의 적극적인 합의가 있었다. 이 합의를 상징적으로 보여주는 사건이 당시 경찰조직의 수장인 라브렌티 베리야의 체포와 처형이다. 이후 비밀경찰 조직은 치안을 담당하는 내무부MVD와 국가안보를 담당하는 국가보안위원회KGB로 분할, 약화되었다.

'물리적 안전'에 대한 합의와 함께 공산당의 정치적 지위가 후계자 선정을 둘러싼 권력투쟁 과정에서 복원되었다. 그 결정적 계기가 바로 1957년 '반당 위기anti-party crisis'다. 게오르기 말렌코프, 뱌체슬라프 몰로토프, 라자르 카가노비치는 점점 막 강해져가는 흐루쇼프를 견제하고 권좌에서 몰아내기 위해 선제공격을 시도했다. 1956년 12월 공산당 중앙위원회 총회는 반反흐루쇼프 세력이 우위를 점하고 있는 중앙국가기구의 권한을 확대하는 결정을 내렸다. 당에 대항하여 국가를 키움으로써 제1비서(당시 총서기장의 직책명)인 흐루쇼프의 권력을 제한하고자 한 방책이었다.

후속 조치로 1957년 2월 12일 서구 민주주의 의회에 해당하는 최고 소비에트Supreme Soviet는 국가경제위원회State Economic Commission를 강화한다고 결정했다. 하지만 이 결정은 다음 날 흐루쇼프의 반격으로 그 실효성을 완전히 상실했다. 그는 공산당 중앙위원회로부터 중앙정부의 주요 경제 관련 부서를 철폐하는 결정을 받아냈다. 그리고 중앙 부처의 경제적 관할권을 새롭게 신설된 지방경제협의체sovnarkhoz로 이전했다. 이는 가히 혁명적인 조직 개편이었다. 1957년 2월 정부 조직 개편안에서 패배한 도전 세력은 시간이 얼마 없음을 직감하고, 그해 6월 자신들이 다수를 점한 공산당 정치국의 결정을 등에 업고 흐루쇼프의 사임을 압박했다.[73]

이들의 공격에 흐루쇼프는 자신의 정치적 운명을 결정할 수 있는 제도는 오직 중앙위원회뿐이라고 고집했다. 자신의 회고록에서 밝히고 있듯이 흐루쇼프는 "나는 중앙위원회 전체회의에서 임명되었으며, 오직 이 회의를 통해서만 새로운 결정을 내릴 수 있다"고 강력히 반발했다.[74] 이런 와중에 제2차 세계대전의 영웅으로 명망 높은 게오르기 주코프 장군이 마련한 항공편으로 광활한 소련 전역에 흩어져 있던 중앙위원회 위원들이 속속 모스크바로 집결했다. 총 309명의 위원 중 압도적 다수가 흐루쇼프를 지지했다. 이 사건을 계기로 소련공산당원 모두는 최고지도자를 뽑을 수 있는 중앙위원회의 권한을 분명히 확인했다. 선례를 통한 새로운 공동지식의 확립이다(역설적이게도 1957년 흐루쇼프의 손을 들어준 중앙위원회가 1964년에는 그의 축출을 결정했다).

권력투쟁 과정에서 분명해진 물리적 안전 보장과 공산당의 총서기장 선출권에 대한 엘리트의 합의에도 불구하고 총서기장 권력의 한계치에 대한 합의는 아직 분명하지 않았다. 독재자의 권한과 엘리트의 특권에 관한 명시적 규칙이 없는 상황에서 흐루쇼프는 자신에게 주어진 권한을 남용하여 당을 심하게 흔들었다. 관직의 순환, 당 조직의 분할 등 극심한 당 흔들기는 공산당원의 정치적 미래를 불안하게 만들었다. 일시적 충격과 혼돈에서 벗어나자 전체 엘리트 사이에서 자신들이 무엇을 원하는지가 분명해졌고, 흐루쇼프에 반대하는 목소리가 엘리트의 공동지식으로 자리 잡았다. 마침내 1964년 안정과 질서를 명분으로 정치·경제·군·중앙·지방 관료 모두가 뭉쳐서 투표로 흐루쇼프를 몰아냈다.

흐루쇼프의 어중간한 독재 권력은 당시 엘리트 조정의 균형점을 반영한다. 전체주의 개인독재가 막을 내리면서 당을 복원하자는 데 모든 엘리트가 동의했다. 물리적 안전과 개인 우상화 금지에 대한 공동지식은 총서기장의 독재 권력을 크게 제한하여 제2의 스탈린 출현을 막을 수 있었다. 하지만 정부 운용 면에서 총서기장이 갖는 권력의 정도에 관해서는 아직 합의가 이루어지지 못했다. 집단독재를 운용하는 주요 규칙들을 명시적으로 합의·조정하지 못한 엘리트 집단은 막무가내의 총서기장에 한동안 속수무책이었다. 새로운 공동지식이 필요했다.[75]

물리적인 안전 보장에도 불구하고 자신의 관료적 지위가 심각히 위협받는 상황이 계속되면서 마침내 정치적 안전 보장과 명명백백한 집단독재에 대한 요구가 엘리트들 사이에 광범위하게 자리 잡았다. 서로의 마음을 확인한 엘리트 집단은 선례에 따라 어떻게 행동해야 하는지 잘 알고 있었다. 공산당 중앙위원회를 소집하여 독단적 통치자 흐루쇼프를 신속하게 쫓아냈다. 그리고 낯간지러운 구호, "간부에 대한 존경"이 물리적 안전을 대체했다.

곧바로 레오니트 브레즈네프의 타협과 흥정의 정치가 뒤를 이었다. 이 시기는 한마디로 안정과 안전으로 표현된다. 공산당 조직은 안정되었고 관료의 미래는 예측 가능해졌다. 공산당 관료의 진급과 충원이 규칙적이고 정규적으로 이루어졌고, 간부에 대한 존경이 핵심 정치 구호로 주창되었다. 핵심 당직자의 교체 비율은 낮았으며, 새로운 업무가 갑작스럽게 부과되는 일도 없었다.[76] 당시 서구 학계에 의해 "침체의 시대"라 불릴 만큼 혁신과 개혁은 방기되었다.

정치적 안전과 집단독재로 엘리트의 조정이 이루어지면서 1970년대 북유럽 복지국가의 조합주의corporatism를 연상시키듯 소련의 정부 정책은 당·정·군 내 주요 조직 대표자의 회의와 협상으로 결정되었다. 이를 반영하여 정치국의 인원수가 크게 늘어났다. 1973년 소련공산당 최고 의사결정기구인 정치국은 비밀경찰의 수장, 국방장관, 외무장관 등 거의 모든 주요 관료 조직의 수장을 포함했다. 정부 정책은 이들의 타협과 흥정의 산물이었다.[77]

이렇듯 정치적 안전과 조합주의적 국가 운영은 소련공산당 총서기장의 독재 권력을 크게 약화시켰다. 정치국원은 실질적 거부권을 행사했다. 이로써 권력이 상당히 분산된 집단독재가 완성되었다. 일당의 집단독재와 국유재산제는 공산당 엘리트를 세상 누구도 부럽지 않은 귀족으로 탈바꿈시켰다. 최고 엘

소련 엘리트의 조정과 정치 변동

	엘리트의 공동지식	제도적 결과	정권 형태
스탈린 시대	개인 우상화	공산당의 붕괴	개인독재
흐루쇼프 시대	물리적 안전 개인 우상화 금지 공산당의 복원 집단지도 규칙의 합의 부재	당 중앙위원회의 총서기장 선출과 해임 총서기장의 독단적 당 운영	과도기적 집단독재
브레즈네프 시대	정치적 안전 간부에 대한 존경	확대된 당 정치국을 통한 협의적 당 운영	집단독재

리트 모두가 행복하게 늙어갔다. 오직 의사도 어쩔 수 없는 경우에만 고위 엘리트는 죽음으로 자리를 비웠다.

소련의 마지막 총서기장 고르바초프가 시장개혁을 위해 정치개혁이라는 강수를 둔 이유도 여기에 있다. 집단독재에 기댄 엘리트의 거센 반발과 저항을 걱정한 그는 일당독재를 해체하는 선거를 실시하고 공산당 총서기장에서 소련 대통령으로 변신하려 했다.[78]

개인 우상화를 방조하고 묵인한 스탈린 시대의 엘리트, 개인 우상화를 금지하고 신체적 안전에 공감했던 흐루쇼프 시대의 엘리트, 정치적 안전과 집단독재에 합의한 브레즈네프 시대의 엘리트와 함께 독재자의 독재 권력 정도와 정치제도 역시 변모했다. 엘리트가 함께 맞춘 숫자의 크기에 따라 스탈린의 개인독재, 흐루쇼프의 과도기적 집단독재, 브레즈네프의 안정적 집단독재가 탄생했다. 특별히 전환기 소련 정치에 위치한 흐루쇼프의 과도기 정권은 엘리트의 조정이 어디에서 멈추는가에 따라 독재자의 권력이 좌우된다는 사실을 매우 잘 보여준다.

권력투쟁과 숙청

: 탐욕과 배신의 앙상블

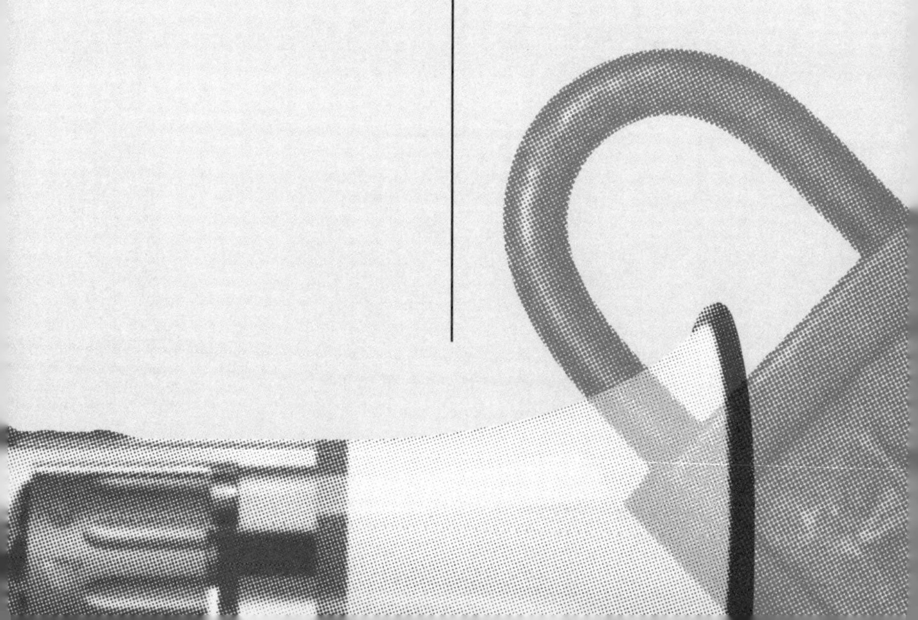

Principle of Dictatorship

1. 승자독식
: 혼자서 다 가지려는 아이 같은 독재자

5년 단임의 대통령제를 채택하고 있는 한국 정치에서 '권불5년權不五年'이라는 표현이 종종 회자된다. 유한한 권력에 취해 만용을 부리는 자를 꼬집는 말이다. 그런데 권력의 본성은 본래 그렇지가 않다. 정해진 시간이 끝나면 권력을 내려놓겠다고 하는 정치 행위는 기나긴 인류사에서 거의 기적에 가깝다.

상상해보자. 세기의 라이벌인 스탈린과 트로츠키가 맞붙어, 당장 더 많은 인기를 누리고 있던 트로츠키가 먼저 총서기장직을 맡고, 다음 5년을 스탈린이 넘겨받는 식의 약속을 했다고 치자. 과연 이 약속은 믿을 만한가? 권력을 넘겨줄 거라는 약속을 믿고 자발적으로 자신의 차례를 묵묵히 기다린 독재자의 맞수가 있었던가?

양보한 맞수는 찾기 어렵지만 기대에 차서 독재자의 은퇴를 기다린 조력자는 많았다. 길지 않은 한국 정치사에서 박정희의 오른팔 김종필, 전두환의 친구 노태우 등이 떠오른다. 어느 정도 믿을 만한 담보가 있긴 했다. 부정이 판치지만 그래도 주기적으로 열리는 선거와 대통령 임기를 공식적으로 선언한 헌법 등이 그러하다.

박정희는 이런 제약을 뛰어넘어 1969년 삼선개헌과 1972년 유신으로 내각제를 원한 김종필의 꿈을 배반했다. 7년 단임을 선언했던 전두환은 상왕이 되려는 꿈을 접고 울며 겨자 먹기로 노태우를 자신의 후계자로 지명했다. 노태우는 아마도 전두환이 아니라 1987년 민주화 세력에게 감사해야 할지 모른다. 김종필은 운이 나빴고 노태우는 운이 좋았을 뿐이다.

독재정치에서 다음 기회를 노리기란 쉽지 않다. 다음은 감옥이거나 사형장이 될 공산이 크다. 특별히 많은 이들이 존경하고 추종하거나, 전임자의 직계존속이라면 차라리 외국으로 망명을 가는 편이 만수무강에 도움이 된다. 그래도 안전하지는 않다. 트로츠키는 망명지 멕시코에서 만난 연인의 집에서 비밀경찰의 도끼에 맞아 죽었고, 김정남은 외국 공항에서 쓸쓸히 독살당했다.

폭력을 행사하고 싶은 마음과 피하고 싶은 마음에 모두가 승자의 편에 붙기를 바란다. 이 때문에 초기 경쟁자들 사이의 사소한 권력 차이는 시간이 갈수록 더욱 벌어진다. 결국 승자가 모든 권력을 다 가진다. 승자독식이다. 권력뿐만 아니라 모든 걸 다 가질 수 있다.

매일매일 한 끼 식사를 걱정해야 하는 10억 지구인의 진짜 문제는 경제가 아니라 승자독식의 독재다. "바보야 경제야"보다 "바보야 정치야"가 더욱 타당한 진단이다. 권력을 제한하는 법치가 전혀 작동하지 않는 세상에서는 생산적 능력이 아니라 폭력이 부의 원천이 된다. 규칙의 강제력이 없는 사회에서 고약한 선수는 열심히 달리기보다 상대의 발을 걸어 넘어뜨려 100m 달리기를 이기면 그뿐이다.[79] 독재의 기생충은 부를 생산하기보다는 다른 이의 부를 빨아먹어버린다.

민주주의와 법치 덕분에 국가 폭력에 뼈가 아플 정도로 맞아본 적이 없는 우리 대부분은 권력이 갖는 승자독식의 본성을 뼛속 깊이 느끼기 어렵다. 셰익스피어의 표현을 빌리면, "한심한" 우리가 기적적으로 이룩한 민주주의는 아름다운 속성을 많이 지니고 있다. 내가 현 대통령을 지지하지 않는다고 해도 별다른 불이익을 받지 않을 뿐만 아니라 정부의 공공정책 혜택도 온전히 누릴 수 있다. 정치적 태도와 상관없이 권력의 한 조각을 차지한 탐욕스런 모리배로부터 나의 재산권을 보호받을 수 있다. 패자 역시 다음 선거에서 역전의 기회를 갖는다. 줄기차게 반대의 목소리를 내면서 대중의 호의적 판단을 다시 얻을 수 있다. 오늘날 인류의 눈부신 성취다.

성숙한 민주주의 국가는 최고 권력을 입법·행정·사법으로 나누어 각 기관에 거부권을 준다. 심지어 연방제에서도 중앙과 지방정부가 사법적·재정적 관할권을 나누어 갖는다. 네덜란드처럼 성숙한 협의적 민주주의consociational democracy에서는 소수 정당이 다양한 거부권을 행사해 다수당에 효과적으로 도전한다. 소수 정당은 연립정부 구성과 해체에 큰 영향력을 행사하고, 국회 상임위원회를 장악해 법안이 본회의로 올라가지 못하도록 막을 수도 있다.[80] 이처럼 민주주의는 법과 제도로 권력의 자연스러운 독점화 경향을 막고 권력을 인위적으로 나누어버린다. 민주주의에서 승자의 독식은 없다.

권력이 분할되지도 제한되지도 않는 독재의 권력투쟁은 모든 걸 거는 '몰빵'과도 같다. 이를 보여주는 간단한 게임이 있다. 경쟁에서 발을 빼기 어려우니 '구렁텅이 게임entrapment game'으로 부르기로 하자.

게임의 규칙은 일반 경매와 유사하다. 10만 원짜리 지폐를 차지하기 위해 저마다 자신이 지불할 용의가 있는 가격을 부른다. 이때 최고가를 부른 자가 10만 원을 갖는다. 여기서 한 가지 규칙이 더해진다. 최고가 다음으로 높은 가격을 제시한 2등은 자신의 호가를 경매 주최자에게 지불해야 한다. 게임이 무르익을수록 호가가 점점 10만 원에 접근하면서 참가자들은 고민이 깊어진다. 하지만 2등이 되기 싫은 마음에 호가는 뛰기 시작하고 결국 낙찰가는 10만 원을 훌쩍 넘긴다. 승자의 이익만큼이나 패자가 지불해야 하는 비용 때문에 경쟁이 과열된 것이다.[81]

이 게임의 참가자처럼 경쟁자들은 권력투쟁이라는 구렁텅이에 들어간 이상 철수할 수 없다. 방관자는 그대로 살아갈 수 있지만 패배자는 모든 걸 잃고 죽기 십상이다. 권력투쟁은 지는 쪽이 손목이나 귀를 잃는 타짜의 노름판과 같다. 이기기 위해서뿐만 아니라 잃지 않기 위해 모든 걸 쏟아부어야 한다. 그만큼 모두가 절실하다.

독재정치는 국제정치의 무정부성과 닮았다. 두 경우 모두 공정하고 법을 강제할 능력이 있는 제3의 심판자가 없어 자조自助의 원칙이 지배적이다. 어중간한 권력은 항상 도전자를 초대할 공산이 있기에 강대국이나 독재자나 중간에 만족하기보다 권력을 극대화하려 한다. 국제정치에서는 대륙과 대륙이 바다로 멀리 떨어져 있다는 물리적 제약과 민족적 정체성 등으로 일극 체제를 달성하기 어려울 뿐이다. 하지만 독재정치에는 이러한 제약이 없다. '아차!' 하는 순간 모든 걸 잃고 낭떠러지로 떨어지는 싸움이기에 권력투쟁에 나서는 자는 만족자satisfier가 아니라 철저히 극대화자maximizer처럼 행동한다.

독재자와 달리 평범한 일상을 사는 대부분의 사람들은 만족자에 가깝다. 어느 행동경제학자가 비오는 날 뉴욕시 택시기사가 언제 운행을 마치는지 조사한 연구가 있다. 주류 경제학에서 전제하듯 이익의 극대화자라면 승객이 많은 비오는 날 기사들은 평소보다 일을 더 많이 해서 많은 수익을 남기려 할 것이다. 돈을 충분히 벌었다고 일찍 집에 돌아가면 비가 만들어준 '운수 좋은 날'을 날려버리는 꼴이 되기에 경제적으로 비합리적인 결정이다.[82]

그런데 조사 결과, 택시기사들은 마음속으로 정한 하루 목표량을 달성하고 만족해하며 일찍 퇴근해버렸다. 주류 경제학은 세금을 올리면 일을 적게 할 것이라고 예상하지만, 일정 수준의 소득만을 추구하는 만족자(예를 들어 생활비를 벌고 나면 나머지 시간 동안 글쓰기에 전념하는 가난한 작가)는 세금으로 상쇄된 소득을 보전하기 위해 더 일한다.

이성 교재에서도 우리는 만족자와 극대화자를 만난다. 상대가 일정 수준에 도달하면 만족하는 자와 최고만을 고집하는 극대화자로 나뉜다. 과연 이성 교재에서는 누가 갑이 될까?[83]

독재에서는 극대화자가 갑이다. 극대화의 행동 원칙은 권력투쟁의 속성상 불가피하다. 권력투쟁은 전쟁에서 공격형 무기와 전략이 압도하는 시대의 국제정치와 유사하다. 사실 전쟁기술 중 수비형과 공격형으로 분명히 갈리는 경우는 많지 않다. 다만 인류 역사 최초로 가장 파괴적인 공격형 무기로 말馬을 꼽는 데는 이견이 없다. 빠른 속도로 침투하는 기병은 땅을 빼앗고 적을 굴복시키는 정복 전쟁에 용이하다. 기병 등 훌륭한 공격 무기가 자극하는 배신과 선제공격의 유혹 속에서 군비 경쟁은 과열되고 평화는 위태로워진다.[84]

독재의 권력투쟁도 마찬가지다. "한 명을 죽이면 살인이지만 수백만의 죽음은 단지 통계일 뿐이다"라는 스탈린의 말처럼, 폭력 사용에 어떠한 제한도 없을 경우 만족하고 방심하는 자는 극대화자에게 당하고 만다. 어떤 보상의 약속이나 보복의 위협도 배신을 막을 수 없다. 오직 압도적 힘의 우위만이 불안을 제거할 수 있다.

그래서 한 개인에 권력을 집중하는 개인 독재화는 독재자 개인의 비틀린 욕망이 아니라 독재정치의 구조적 경향이다. 누구는 성공하고 누구는 실패할 뿐이다. 이런 와중에 개인독재의 칼날이 결국 자신의 목을 겨누게 될 거라고 상상하지 못하는 근시안적 엘리트는 집단독재를 위한 투쟁 대신 어느 편에 서야 하는지 계산기를 두드린다.

2. 초전박살
: 권력투쟁은 초반전이 전부다

흔히 거대한 사건이 일어나고 나면 주요 인물의 성격을 중심으로 원인과 결과에 대한 이야기가 생겨난다. 규범적으로 나쁜 독재자지만 그에게서 대단한 능력을 찾고 싶어 한다. 왠지 절대 권력이라는 엄청난 결과에 걸맞은 대단한 카리스마, 무시무시한 사악함, 놀라운 음모 등이 있을 것만 같다.

분명 권력을 잡은 이들은 일반인과는 다른 행동적 특성을 지니고 있다. 무엇보다 이들은 위험을 감수하는 경향이 다분하다. 낮은 성공 확률과 엄청난 처벌의 위험 속에서 권력투쟁에 뛰어들기 때문이다.[85] 만약 이들이 지금 한국에 살고 있다면 매주 다량의 로또를 구매했으리라 상상해본다.

그렇지만 기록에서 누락되었거나 우리가 주목하지 못한 많은 사소한 우연들이 아마도 권력투쟁 초기에 큰 영향을 미쳤으리라. 성공한 독재자만큼이나 실패한 자들 역시 잔인하고 뻔뻔하고 기만적인 행동을 서슴지 않았을 테니까 말이다.

우연이 얼마나 중요한지 알아보기 위해 우리는 성공과 함께 실패 사례도 고려해봐야 한다. 당신은 최종 면접에서 누가 합격하고 누가 탈락하는지 알아맞힐 자신이 있는가? 쉽지 않을 것이다. 왜냐하면 경쟁이 치열할수록 복불복이 될 가능성이 높기 때문이다.

간단한 모델로 생각해보자. 수많은 이들이 꿈을 좇아 연예인을 지망한다고 하자. 엄청난 수의 지원자 중 살아남은 최종 면접자들의 연기력과 외모는 모두가 눈부시다. 하지만 이 가운데 오직 한 명에게만 주연 배역이 돌아간다. 주연을 맡을 경우 영화의 승패와 상관없이 배우는 성공 가도를 달릴 수 있다. 그런데 이런 오디션의 특성상 심사자의 순간적인 기분 변화나 특이한 패션 취향, 면접 대상자 자신도 모르는 사소한 버릇 등이 평가 점수에 가감된다. 운이다.

가령 지원자의 최종 점수가 실력 95%, 면접 운 5%로 구성된다고 가정하자. 여기서 우리는 실력 점수에서 1위(95점)를 차지한다고 해도 최종 1등이 되기가 매우 어렵다는 사실을 간단히 알 수 있다. 치열한 경쟁 때문에 95점에 살짝 미치지 못하는 면접 대상자가 상당수다. 면접에서의 운은 0점에서 5점 사이의 수많은 숫자들이 적혀 있는 구슬 주머니에서 구슬을 하나 꺼

내 갖는 것으로 생각할 수 있다. 실력 점수 1위가 꺼낼 구슬의 평균 값(면접 점수의 기댓값)은 다른 모두와 동일하게 2.5점이다. 그런데 많은 고득점 면접자 가운데 누군가는 5점의 구슬을 뽑을 가능성이 매우 높다(이는 통계학에서 말하는 '큰 수의 법칙'으로, 전체 국민이 매주 로또를 구매하면 일 년 중에 1등 당첨자가 반드시 나오는 이치와 동일하다). 그가 실력 점수 1위자를 제치고 최종 일등이 된다. 결국 최종 1위가 되기 위해서는 최고 실력자도 반드시 5점짜리 구슬을 뽑아야 한다.[86]

권력투쟁의 초반전은 테니스가 아닌 미식축구를 닮았다. 멀리서 강하게 날아오는 커다란 송편처럼 생긴 딱딱한 미식추구공을 잡기란 프로 선수에게도 만만치 않다. 경기를 뒤집는 한 번의 치명적 실수가 자주 일어나는 종목이 바로 미식축구다. "풋볼 게임이 벌어지는 일요일, 누구나 승리자가 될 수 있다 on any given Sunday, any team can beat any other team"는 유명한 문구가 있을 정도다.

거의 정반대로 테니스에서는 한 번의 실수로 게임을 망치는 일이 거의 없다. 한 포인트당 6 : 4, 아니 더 근소한 5.3 : 4.7 비율로 점수를 나누어 가진다면 근소하게 실력이 모자란 선수가 테니스 매치를 이길 가능성은 0에 가깝다. 얼굴 면이 아주 약간 더 많이 나오게 조작된 동전을 수백 번 던지는 이치, 즉 큰 수의 법칙이다.[87] 한 번의 우연은 "확실성이라는 바다에 던져진 조약돌"처럼 결과에 전혀 영향을 미치지 못한다.[88] 미세한 실력 차이가 여지없이 경기 결과로 이어진다.

권력투쟁 초기에는 운이 100점 만점에 고작 5점이 아니라 운칠기삼運七技三(운이 7할이고 재주나 노력이 3할)인 경우가 허다하다. 1979년 이란 혁명에서 아야톨라 루홀라 호메이니Ayatollah Ruhollah Khomeini가 경험한 운이 그렇다. 호메이니는 고위 성직자 중 한 명으로, 모하마드 레자 팔레비Mohammad Reza Pahlavi 국왕의 세속주의 정책을 강하게 규탄하다가 1964년 망명길에 오른다. 터키, 이라크, 프랑스 등 해외를 떠돌던 그에게 드디어 기회가 찾아온다. 팔레비 국왕이 죽어가고 있었던 것이다. 병을 숨기고자 했지만 국왕의 화장기 짙은 얼굴에 비친 창백한 낯빛은 죽음이 임박했다는 사실을 모두에게 알리고 있었다.

이런 가운데 1977년 국왕의 최대 정적이자 반대 세력의 지도자인 알리 샤리아티Ali Shariati가 죽으면서 호메이니가 자연스레 유일한 반대 세력의 구심으로 떠오른다. 호메이니의 대운大運이다. 이에 호메이니를 중심으로 매우 이질적인 세력들이 혁명 전선에 동참한다. 이슬람 원리주의자와 진보적 인권 그룹이 한 지붕 아래 있는 상황이다. 그는 군의 도움으로 팔레비 국왕의 망명 직후 세워진 과도정부를 공격하고 국민투표에서 압도적인 지지를 받아 새로운 헌법을 통과시킨다. 이제 그는 최고지도자로서 비非이슬람법과 정치인을 마음대로 거부할 수 있게 되었다.

이렇게 초운初運의 도움으로 한 번 1등이 되고 나면 대체로 만사형통이다. 권력투쟁과 화투판 모두 무작위성이 작동하지만 그 원리는 근본적으로 다르다. 화투판에서는 각각의 게임이 독립적이다. 독립성independence은 확률론에서 매우 중요한 개념이다. 열 개의 주사위를 던져 눈의 총합이 60이 될 가능성은 1/6을 열 번 곱한 값(1/60,466,176)이다. 각각의 던지기가 독립적이기 때문이다. 약 6,050만 번 던지면 겨우 한 번 나오는 꼴이다. 총점 60점이 나왔다면 당신은 주사위를 꼼꼼히 살펴보아야 한다. 아마도 바닥에 깔린 면도 6인 야바위 주사위일 가능성이 거의 확실하다.

하지만 총점 60점을 얻을 수 있는 훨씬 간단한 방법이 있다. 9개의 거울을 설치하여 주사위 눈을 반사하도록 하면 된다. 이 경우 각각의 주사위 눈은 전혀 독립적이지 않다. 총점 60이 될 확률은 1/6이다. 극단값이 쉽게 출현한다. 2008년 미국발 세계 금융위기가 발생한 이유이기도 하다. 도박에 가까운 수많은 금융상품이 하나로 연결되어 주사위 한 개로 60점을 만들어내는 시스템이었다. 수많은 투자는 분산의 헤징hedging이 아니라 도미노의 파국을 맞았다.[89]

각각의 게임이 독립적인 화투판에서는 이전 판의 결과가 다음 판에 영향을 미치지 않는다. 몇 번의 게임에서 엄청난 학습이 이루어지지 않는 이상 판마다 승산은 동일하다. 각각의 화투판은 새롭게 시작된다.

반대로 권력투쟁은 꼬리에 꼬리를 문다. 한 번의 승리는 다음 번 싸움의 승산을 높인다. 이길수록 점점 더 무적이 되어간다. 독립성이 아니라 종속성이 심한 경우다. 주사위 하나를 던지고 이를 거울에 비추어 값을 키우는 꼴이다.

각각의 사건이 독립적인 경우 프로야구 신인왕의 2년 차 징크스인 평균으로의 회귀regression to the mean가 나타난다. 몇 번 내야안타가 된 빗맞은 땅볼이 이번에는 병살타로 처리된다. 동일선상에서 아주 키 큰 아버지의 아들들은 대체로 키가 크지만 아버지보다는 작다. 백 개 문항 중 70개만 공부한 학생이 무작위로 70문제를 뽑아 출제한 첫 시험에서 95점을 얻었다면 다음 시험에서 학생의 성적이 떨어지는 쪽에 돈을 걸어야 이길 확률이 높다. 평균에서 크게 벗어난 극단적 결과는 다음 시행에서 다소나마 평균에 가까워진다.

하지만 권력투쟁에서는 그렇지 않다. "초장 끗발이 개 끗발"이라는 속설이 통하지 않는다. 초반전에 어부지리로 승기를 잡은 자의 권력은 시간이 갈수록 커지고 상대와의 격차 역시 점점 더 벌어진다. 그래서 권력투쟁에서 역전승은 거의 없다. "끝날 때까지 끝난 게 아니다"라는 말로 근성을 자극해도 소용

없다. 권력투쟁에서는 초반전이 거의 전부다. 출발선에서 선수들 사이에 심한 몸싸움이 벌어지는 동계올림픽의 500m 단거리 쇼트트랙 경기를 떠올려보라. 경기 중간에 불상사가 일어나지 않는 이상 처음 일등이 거의 그대로 일등으로 들어온다.[90]

처음에 볼품없어 보이던 스탈린은 결국 아무도 대적할 수 없는 천하무적으로 변신했다. 화려한 언변의 트로츠키 혹은 레닌과 노선 투쟁을 벌인 지노비예프가 내뿜는 카리스마의 그늘에서 스탈린은 그저 귀찮은 업무를 열심히 처리하는 행정 관료에 지나지 않았다. 그런 그에게 아무도 기대하지 않았던 총서기장의 직책이 주어진 우연이 모든 걸 바꾸어놓았다.

레닌은 죽기 직전 자신의 이 결정을 무척이나 후회했다. 총서기장은 인사권을 쥐고 민주집중제의 원리를 요리조리 이용할 수 있었다. 또 연방공화국 소련의 지방당 서기장들을 자신의 입맛에 맞게 뽑아 그들을 통해 당의 핵심 기구인 당대회와 당 중앙위원회에 자신의 충성파를 심을 수 있었다. 몇 년의 노력 끝에 회의가 소집되고 모두가 놀랐다.

초반에 모든 게 결정되는 특성과 함께 세의 양극화도 권력투쟁의 주요한 성질이다. 거짓 정보, 몸싸움, 멱살잡이 등이 난무하면서 궁극적으로 세력이 양편으로 갈린다. 한 표라도 더 많이 얻은 후보가 승리하는 단순 다수제의 대통령 선거에서 강력한 후보자 두 명이 남는 모습과 유사하다.

유권자는 누가 더 마음에 드는지도 생각하지만, 누가 더 가능성 있는지도 따진다. 소위 사표死票 심리다. 마음에 드는 후보들 중 승산이 있는 후보에게 자신의 한 표를 던지고 싶은 유권자의 마음과, 이길 가능성이 높은 경쟁자를 밀고 싶은 엘리트의 마음이 닮았다.[91] 반대편의 강자를 싫어하는 참전 용사들은 호불호를 잠시 제쳐두고 하나의 대안으로 똘똘 뭉쳐 어떻게든 상대를 이기는 데 혈안이 되어 있다. 원심력과 구심력이 동시에 작동하며 세력은 둘로 나뉘게 된다.

한편 1강 2약 등 후보자가 세 명 이상 난립하기도 한다. 반대 진영의 야심가들 사이에 세가 비등비등하여 누구로 힘을 모아야 할지 끝까지 애매모호하거나 파벌 사이 감정의 골이 너무 깊은 경우다. 조정의 실패다. 조정에 성공한 쪽의 손쉬운 승리다.

북한의 권력투쟁에서 연안파(중국 연안을 중심으로 항일투쟁을 하다가 해방 이후 입북한 조선의용군 출신의 정치 집단) 사람들이 소련파(해방 이후 소련 점령군과 함께 입북하여 북한군과 정계에서 활동한 소련계 한인 집단) 수장 허가이許哥而의 거만한 태도를 혐오하는 등 당시 파벌 지도자였던 허가이, 박헌영, 최창익은 김일성을 앞에 두고 서로 반목했다. 1949년 당시는 소련파와 남로당파가 조선로동당의 다수 요직을 차지하고 있었으며, 아직까지는 김일성의 세가 압도적이지 않았다. 만약 이때 함께 뭉쳐서 김일성에 대항했다면 각개 격파되지 않고 집단독재를 세우고 고통스러운 죽음을 면했을지도 모른다는 생각이 든다. 김일성이 싫은 만큼이나 서로를 경멸했던 그들은 상대의 몰락을 은근히 고소해 하면서도 자기가 처한 임박한 위험은 알아채지 못했다.

마오쩌둥 시대를 공칠과삼功七過三(공이 7이고 과오가 3)으로 평가한 덩샤오핑의 자기반성도 이와 일맥상통한다. 루산회의(중국공산당 제8기 중앙위원회 제8차 총회)에서 펑더화이가 마오를 비판할 때, 덩샤오핑은 만약 주요 파벌 지도자들이 강하게 연대했다면 마오 주석의 지극히 비현실적인 상상이 가져온 재앙을 미리 피할 수 있었다고 후회하지 않았을까?

권력을 두고 이렇게 저렇게 나누어 뭉친 집단들 사이에서 전면전은 불가피하다. 손무(손자)의 병법서로 살펴보자. "병자兵者는 국지대사國之大事라 사생지지死生之地요, 존망지도存亡之道이니 불가불찰야不可不察也이니라"고 선언하며 시작하는 《손자병법》의 핵심은 지피지기知彼知己다. 손자는 상대와 나의 국력과 전투력을 미리 안다면 백전불태百戰不殆라 가르치고 있다. 문제는 각자 저마다 자신의 전쟁 의지와 군사력 등을 고의적으로 숨긴다는 사실이다. 이 경우 지피지기는 거의 실패한다.[92]

상상해보자. 한 조각의 영토를 가지고 두 나라가 다투고 있다. 전쟁이 일어나면 누군가는 이길 것이고 땅을 독차지할 것이다. 동시에 엄청난 전쟁 비용으로 국력이 쇠하는 불상사를 피할 수 없다. 이웃 나라는 내심 이 두 나라가 전쟁하길 바라고 이쪽저쪽 모두를 부추긴다. 그리고 다툼의 당사자들은 상대가 방심하도록 고의적으로 약한 모습을 상대에게 노출한다.

결국 주위의 부추김과 속임수에 오만해진 두 왕은 협상과 타협에 실패한다. 자신이 구매한 로또의 당첨 확률을 높게 믿어 웃돈을 더 주어도 팔지 않으려는 심사다. 오만한 주권자 모두 자신의 승리가 거의 확실하다고까지 믿으니, 이 두 확률값을 더하면 거의 2에 가깝다. 떡은 하나밖에 없는데 말이다. 결국 전쟁뿐이다.[93]

권력투쟁은 전쟁의 길을 따라 걷는다. 아직 마음을 정하지 못한 이들을 끌어들이기 위해 힘을 과시, 과장해야 하는 권력투쟁에서도 세에 대한 정보는 상당히 불확실하다. 자신의 승리 가능성에 대한 믿음과 확신을 지지자와 구경꾼에게 심어주기 위해 각종 거짓과 연극이 난무하다. 어깨에 힘이 들어가고 건방진 걸음걸이에는 승리자의 기운이 깃들어 있다.

사실 이런 모습은 단순히 구경꾼들을 헷갈리게 하려는 전략적 위장만은 아니다. 권력을 원하는 많은 이들은 자기애가 넘치는 나르시시스트이자, 거짓말을 눈 깜짝 않고 하는 사이코패스일 가능성이 높다.[94] 두꺼운 얼굴과 어두운 마음을 가지고

호언장담하는 인물로, 권력투쟁에는 안성맞춤이다.[95]

여기에 더해 정치판에 뛰어든 순간부터 자신감을 올려주는 '마약'이 주위에 넘쳐난다. 바로 자신의 이름을 반복해 부르며 쫓아다니는 지지자의 열광이다. 정신이 혼미해진다. 오죽하면 '유세뽕'이라는 말이 나왔겠는가. 잠자리에 들 때마다 그의 머릿속에는 눈물까지 흘리는 광신도가 생각난다. 주위에 얼씬거리지 않는 혐오자의 모습은 상상하기 어렵다. 파벌의 수장은 보이는 대로 믿을 수밖에 없다. 자신은 승리한다고. 학술적 용어로 '가용성 어림법availability heuristics'의 함정에 빠진 것이다.[96]

여기에 악의적 외부자까지 소문을 만들어 허영심을 부추긴다. 십팔자위왕十八子爲王(이씨 성을 가진 자가 왕이 될 거라는 이야기)의 소문에 혹한 고려 말 이자겸처럼 외부의 공작 정치로 오만해진 야심가들 사이의 내분은 격화되고 적대 세력은 멀리서 '강 건너 불구경' 한다.

영악한 김일성이 일부러 최고위직을 많이 만들어 허가이(소련파), 박헌영(남로당파), 최창익(연안파) 등에게 하나씩 나누어 주어 이들을 오만하게 만든 것인지 누가 알겠는가? 센 패가 많을수록 다수가 배팅 액수를 올려 판돈이 커지는 도박판처럼, 모두가 자신의 승리를 믿고 협력을 거부하도록 유인했는지도 모른다.

파벌의 수장은 오만해지고, 추종자는 오직 자신들만이 정의의 길을 걷고 있다고 믿는다. 세가 모일수록 상대에게 더욱더 적대적이 된다. 상대는 이제 인민의 적이다. 공존이 아니라 섬멸의 대상이다. 사람들이 혼자가 아니라 모여서 싸움을 하면 적대적 감정은 자연스레 격화된다. 집단 내에서 보다 극단적인 의견을 모두가 추종하게 되는 집단극화group polarization가 나타난다.[97] 이제 유유상종은 일심동체가 된다. 불만을 지닌 다수가 모여 자신의 불만을 서로 공유하다 보면 어느새 불만은 분노로 바뀐다. 따라서 격렬한 권력투쟁에서는 공자의 화이부동和而不同이 자리하기 어렵다.

《한비자》〈고분孤憤〉 편에서 한비자는 모두百口가 한 입一口처럼 말하고 있는 똘똘 뭉친 간신 앞에서 혼자 외롭게 충언하고 있는 무기력한 충신의 비애를 묘사하고 있다.[98] 그런데 권력투쟁에서는 혼자 비판적으로 사고하고 독립적으로 행동하는 충신이 설 자리는 없다. 아무도 신경 쓰지 않는다. 다른 반대편 역시 똘똘 뭉쳐서 상대를 모함하고 술병을 집어던진다. 삶과 죽음의 실존적인 압력에서 권력투쟁은 하나의 구심점으로 많은 수가 편협하게 뭉치는 과정에 다름 아니다. 권력투쟁은 화和가 아니라 동同이다. 상대에 대한 적개심은 갈수록 커져만 간다.

권력투쟁이 전면전을 피할 수 없는 더욱 분명한 이유는 힘의 상대적 차이(비율이 아니다)가 승자를 결정하기 때문이다. 이 경우 협력과 신뢰의 가능성은 깨끗이 사라진다.[99] 대신 삶이 외롭고solitary, 가난하고poor, 험악하고nasty, 불쾌하고brutish, 짧아지는short 홉스의 만인에 대한 만인의 전쟁처럼 끊임없는 불신과 불면의 나날이 계속된다. 그러다가 한번 크게 속여 한쪽이 큰 이득을 챙기고 다른 한쪽이 큰 손해를 입어 회복할 수 없는 힘의 차이가 발생하면 권력투쟁은 빠르게 마무리된다.[100]

권력투쟁에서 배신은 가격 담합에서 경쟁사를 속여 경제적 이득을 보는 행위와는 차원이 다르다. 배신당한 경쟁사는 다음 라운드에서 출혈 경쟁으로 상대에게 보복할 수 있다. 보복의 그늘 아래에서 서로 배신하지 않고 오늘 협력해서 적당한 이익만 추구한다. 그렇게 내일도 협력한다. 그러나 오늘 권력투쟁에서 속은 자는 내일이 되면 형장의 이슬로 사라지거나 오지의 가택연금에 처해진다. 다음은 없다. 속인 자는 지금의 상대적 우위를 이용해 속은 자를 영원히 섬멸할 수 있다. 거기에 정의로움마저 강탈해버린다.

심지어 협력해서 둘 다 이득을 보더라도 누가 더 많이 가져갔느냐가 권력투쟁에서는 중요하다. 상대가 나보다 더 큰 이득을 보았다면 이는 곧 나의 큰 손해다. 반대로 제 살을 깎아서라도 상대에게 더 많은 피해를 주면 이득이다. 러시아 민화에 나오는 농부의 계산이 바로 그렇다.

어느 날 농부가 밭을 갈다 알라딘 램프를 발견한다. 지니는

"당신의 소원을 말씀해주세요. 단 이웃 농부에게는 당신이 원한 것의 두 배를 주겠습니다"라고 제안한다. 농부는 괴로움에 얼굴을 일그러뜨린다. 이웃 농부가 더 잘사는 모습을 지켜볼 수 없기 때문이다. 곰곰이 생각한 끝에 사악한 미소를 띠며 "나의 눈 알 하나를 빼내라"고 명령한다.

상대적 이득에 대한 관심과 항시적 불안과 불신이 판치는 권력투쟁에서 과감하게 참전한 용사 대부분은 제정신을 갖고 살기 어렵지 않을까 싶다. 아마도 다음《이솝우화》에 등장하는 여행자의 정신 상태와 닮지 않았을까.

> 서로 미워하는 두 사람이 한 배를 타고 가고 있었다. 한 사람은 고물에, 다른 한 사람은 이물에 앉아 있었다. 폭풍이 일어 배가 가라앉으려 하자 고물에 있던 사람이 키잡이에게 배의 어느 쪽이 먼저 가라앉겠느냐고 물었다. 키잡이가 이물이라고 말했다. 그러자 그가 말했다. "내 원수가 나보다 먼저 죽는 것을 볼 수 있다면, 나는 죽어도 여한이 없소."[101]

분할이 어려운 권력을 다투는 야심가들과 이들을 중심으로 똘똘 뭉친 파벌들은 상대와의 힘의 격차를 벌리기 위해 초반부터 사력을 다해야 한다. 기만과 속도전으로 압도적 힘의 우위를 확보하여 초전박살의 정신으로 적장의 목을 벤 이순신

장군처럼 말이다. 그의 전법은 먼저 승리를 구하고 전쟁을 시작하는 선승구전先勝求戰의 정신이다.[102]

마찬가지로 권력투쟁에서도 힘의 격차를 최대로 늘려 승률을 크게 높인다면 손자가 칭송하는, 이른바 싸우지 않고 이기는 부전승이 가능하다. 권력투쟁은 위험한 도박과도 같기에 영리한 참전자들은 '확률(P)×보상(B)'의 공식으로 어디에 붙을지 미리 계산한다. 한쪽의 확률이 현저히 높고 다른 쪽이 낮다면 보상의 크기와 상관없이 선택은 자명하다.

그래서 야심가는 처음부터 높은 승산을 모두에게 증명해야 한다. 배트맨과 스파이더맨이 조커나 사악한 박사와 대결하기에 앞서, 길거리의 불량배를 잡아 혼내면서 승리자의 평판을 쌓아가는 것처럼 말이다. 막판 스퍼트가 아니라 처음부터 나의 승리가 당연해 보이도록 해야 한다. 처음부터 말이다.

3. 있는 자는 더 풍족해지고 가난한 자는 가진 것마저 빼앗기리라

좌우에 천 길 낭떠러지를 두고서 어둠침침한 좁은 길을 지나고 나면 그제야 어느 쪽이 좀 더 강한지가 뚜렷이 드러난다. 두리번두리번 살피는 이들에게 결정의 시간이 가까워진 것이다. 이제 승산과 보상의 크기를 계산할 시간이다.

권력투쟁의 초반전이 미식축구를 닮았다면, 권력투쟁이 무르익은 중후반부는 테니스를 닮았다. 앞서 언급했듯이 미식축구에서는 약팀이라도 강팀을 이길 가능성이 상당하다. 우연이 승패에 큰 비중을 차지하기 때문이다. 반면 테니스에서는 실력 차이가 근소하더라도 강자가 거의 틀림없이 약자를 이긴다. 우연이 결과에 미치는 영향이 미비하기 때문이다. 테니스에서 승산은 비율의 나눗셈이 아니라 차이의 뺄셈 공식에 가깝다.[103]

마이클 조던과 코비 브라이언트의 농구 실력 차이는 근소하게 조던이 앞선다고 거의 대부분이 동의할 것이다. 이를 그냥 5:4로 놓아보자. 이 두 선수의 실력을 비율로 계산하면 조던이 5/9, 브라이언트가 4/9다. 이 두 선수가 자유투, 돌파력 등을 두고 충분히 많은 경기, 이를테면 900번의 경쟁을 벌인다면 조던은 500번 정도, 브라이언트는 400번 정도로 이긴다. 큰 수의 법칙이다. 동전을 다섯 번 던질 경우 모두 앞 혹은 모두 뒤라는 극단값은 쉽게 나온다. 하지만 100번 정도 던지면 거의 50대 50이 나온다. 보험회사와 카지노가 이익을 남기는 이유다. 수많은 사람이 보험에 가입하고 도박장을 찾기에 확률이 계산한 빈도만큼 사건이 실제로 발생한다.

그런데 광고 시장에서 조던과 브라이언트의 차이는 실로 어마어마하다. 근소한 실력 차이가 광고 수주 경쟁에서 승패의 확률을 거의 1과 0으로 만들어버린다. 매번 거대 광고주는 조던을 선택한다. 마이클 조던이 다 가지는 승자독식이다. 요약하면 자유투 경쟁에서는 실력의 비율에 따라 결과가 나뉘고, 광고 시장에서는 근소한 실력의 차이가 한쪽에 압도적 승리를 몰아준다.

권력투쟁의 길에서 모든 게 불확실한 초반전을 지나고 나면 몇 번의 우연이 만들어낸 힘의 차이가 점점 더 중요해진다. 세가 세를 불러오기 때문이다. 광고 시장에서처럼 말이다. 만약 사건이 서로 독립적이라면 경로 의존이 아니라 균형이 발생한다. 오늘 야구 경기에서 8번 타자의 빗맞은 타구가 세 번 연속해서 파울라인 바로 안쪽에 떨어졌다고 해서 우리는 다음 경기에서도 그가 많은 안타를 칠 거라고 예상하지 않는다. 이런 식의 운은 시간 앞에 버틸 재간이 없다. 시즌이 진행되면서 그의 타율은 자신의 오랜 평균 수준으로 돌아간다.

이와 달리 권력투쟁의 한 판 한 판은 독립적이지 않다. 첫째 판에서 승리하면 더 많은 이들이 이긴 쪽으로 붙어 다음 판의 승산이 올라간다. 이 덕분에 두 번째 판에서도 승리하고, 이는 다시 더 많은 지지자를 몰아오고 승산은 그만큼 더 올라간다. 한 판 한 판이 연결되어 상승 혹은 쇠락의 연쇄를 만들어낸다.

탐색전이 끝나고 권력투쟁이 무르익으면 상당수가 권력투쟁에 참전하고 양분된 세력 사이의 절대적 힘의 차이가 분명히 드러난다. 시간이 갈수록 이를 뒤집을 만한 강력한 충격은 좀처럼 나오기 어렵다. 대통령 선거 개표에서 득표율상의 차이는 근소하지만 더 이상 뒤집기 어려운 표차가 나타나는 상황과 비슷하다. 당선 유력이다. 이제부터 다수의 선택에 자신의 선택을 맞추고 싶은 조정의 이해가 더욱 강력해진다. 변심하여 넘어오는 자도 생기고 새롭게 합류하는 자도 나타난다. 그 결과 힘의 절대적 차이가 점점 더 커지고 승리와 패배의 두 갈래 길은 갈수록 벌어진다. 경로 의존이다.

있는 자는 더 받아 풍족하게 되고 가난한 자는 가진 것마저 빼앗기리라.(마태복음 25장 29절)

가진 자가 더 갖게 되는 독재의 권력투쟁과 달리, 일반인들의 길거리 싸움은 가난한 자에게 결코 불리하지 않다. '내로남불'의 변덕스러운 정의감은 실내 온도를 제어하는 자동조절기처럼 약자를 응원함으로써 힘의 균형을 맞춘다.

불구경과 싸움구경을 좋아하는 우리는 어디서 누군가의 성난 목소리가 들려오면 본능적으로 오감을 긴장하고 그쪽으로 몰려간다. 직접적 이해관계가 걸려 있지 않아야 작동하는 내로남불의 불안한 정의감 덕분에 우리는 부당하게 괴롭힘을 당하는 약자의 편에 서는 걸 주저하지 않는다.[104] 그래서 중·고등학교에서 비열한 일진들은 피해자를 주로 화장실이나 막다른 골목 같은 눈에 띄지 않는 으슥한 곳에서 괴롭힌다. 외부 세력의 개입을 막기 위한 약삭빠른 조치다. 반대로 약자는 싸움을 공개적 장소로 끌고 나오려 한다.

사실 민주주의는 영웅적 용맹함보다는 소시민의 제한적 정직성과 정의로움에 기초하는 바가 크다. 좀 더 안전하게 진실을 외치고 싶어 혼자 몰래 대나무 숲에 들어가는 모습에서 사회적 정의의 단초를 엿볼 수 있다. 적어도 자신과 이해관계가 걸려 있지 않을 때는 정의를 지지하기에, 다수의 제3자는 자신의 허물을 뒤로하고(자신의 허물을 항상 뒤에 놓아둔다는 것이 더 정확한 표현이긴 하지만) 정의로운 판관 행세를 하며 갈등에 개입한다. 물론 이익이 크거나 혹은 처벌이 무서울 경우에는 정의와 진리에 입각한 균형 잡힌 판단을 헌신짝 버리듯 하고 이익을 좇긴 하지만 말이다.[105]

그래서 민주주의를 지키기 위해서는 내로남불을 비웃는 대신 어중간한 정의감을 자극해야 한다. 미국 헌법의 아버지 제임스 메디슨이 그 답을 주고 있다. 권력을 여러 갈래로 분산시켜 권력의 한 조각을 거머쥔 자들 중 직접적인 이해관계에서 떨어져 있는 이가 생길 수 있도록 조장한다. 오늘 누군가 정의를 보호하면 다음번에는 또 다른 이가 나선다. 이렇듯 권력 분산은 우리의 어중간한 선한 본성이 발휘될 수 있는 환경을 조성하는 훌륭한 제도다.[106] 헌법은 또한 언론·집회·결사의 자유 등 정직성과 정의로움을 추구하는 활동의 비용을 최대한 낮추어주어야 한다. 적당한 용기만으로 나설 수 있도록 말이다.

불행히도 승자가 권력과 부를 독점하고 국가 폭력을 마음대로 휘두르는 독재에서는 내로남불의 허약한 정의감은 형체도 없이 사라져버린다. 약자를 응원하는 언더독 효과underdog effect 따위는 없다. 정치권력이 모든 걸 마음대로 결정하는 사회에선 리비도의 충동도, 초자아의 신념도 묻혀버린다. 오직 대세에 따르고 싶은 마음과 승산과 보상이라는 이기적 계산만이

남는다.[107]

만약 당신이 평안도의 토착 공산운동 조직원이라고 해보자. 다수파(김일성)와 소수파(박헌영)의 권력투쟁이 격화되는 와중에 오랫동안 친분이 있던 박헌영이 당신의 집을 찾아왔다. 박헌영은 자신이 승리하면 넘버 7의 자리를 제공하겠다고 손을 꼭 잡고 약속한다. 이때 당신은 그 제안을 뿌리쳐야 한다. 아무리 보상의 약속이 크고 믿을 만해도 이길 확률이 거의 없는 상황에서는 전체 기댓값도 0에 가깝기 때문이다.

고등학교 일진과 반대로 승기를 잡은 1인자는 화장실이 아니라 광장을 원한다. 이 광장을 4(상대)대 6(나)의 비율로 섞인 구슬 주머니라고 상상해보자. 주머니에서 구슬을 많이 꺼낼수록 모집단의 비율에서 앞서 있는 내가 유리하다. 여기에 더해 힘의 차이가 모두에게 분명해지면서 기회주의자들이 승산이 높은 쪽으로 넘어온다. 이들의 배신으로 주머니 속 나의 구슬 비율은 더욱 높아진다. 그 결과 나의 구슬이 더 많이 뽑힌다. 이는 승자와 패자의 경제적 격차가 기하급수적으로 커지는 세계화의 불평등성과 유사하다.

축구팬들은 주로 영국 프리미어리그를 보고, 야구팬들은 미국 메이저리그 구단의 모자를 쓰고 다닌다. 수많은 패자의 시체를 뒤로하고 승자는 5천만 명에게 팔던 상품을 이제 10억 명에게 판매한다. 1등과 2등의 격차는 무지막지하게 벌어진다.

세계화로 엄청난 혜택을 누리는 세계 최고의 명문 클럽처럼 권력투쟁에서 우위를 점한 자는 문을 활짝 열고 싶어 한다. 다수로 조정해야 하는 분위기 속에서 어중간한 정의감이나 약자의 편에 서고자 하는 측은지심을 위한 자리는 없다. 이제 대부분이 억울한 약자가 아니라 많은 이의 지지를 받고 있는 부정의한 강자의 편에 서려 한다. 1인자의 거대 연합이다.

권력으로 가는 길에서 1인자가 구축하는 거대 연합은 싸우지 않고 적을 굴복시키는 부전이굴인지병不戰而屈人之兵의 전략과 맞닿아 있다. 압도적 힘의 우위는 권력투쟁의 불확실성을 제거해준다. 이는 부전승으로 이어진다. 많은 경우 경제적 부와 달리 권력은 정확한 측정이 어렵다. 확실한 우위를 점할 때만이 누가 이길 것인가에 대한 다수의 분명한 여론이 발생한다. 그러면 반대 세력은 승리의 희망을 버리고 더 이상 아무런 도전도 하지 않는다. 포기를 넘어 난파선에서 하나둘 탈출하듯 스스로 괴멸한다.

러시아의 푸틴이 자신의 승리가 확실한 대통령 선거에서 선거 부정을 저지르는 것도 같은 이유다. 평범한 승리가 아니라 압도적 득표 차는 상대의 도전 의지에 대한 싹을 확실하게 도려낸다. 이에 반대편 야심가들은 똘똘 뭉쳐 푸틴에 반대하기보다 그들만의 리그에서 선두에 서기 위해 서로 볼썽사납게 다투기 바쁘다.

한국전쟁이 한창이던 1951년, 이제 전쟁은 중공군에 맡겨두고 김일성은 허가이와 당 노선 투쟁을 벌였다. 이는 단순히 숙청을 위한 구실을 마련하는 것 이상이었다. 자신의 우위를 못박기 위한 김일성의 시의적절한 결정이었다. 당시 허가이는 김일성, 김두봉에 이어 서열 3위로 당 조직을 책임지는 당 검열위원장이었다. 그는 1951년 당원에 대한 충성심을 검열하여 45만 당원을 출당시켰다. 김일성의 대중당 노선에 반하는 조치였다.

허가이는 조선로동당을 엘리트 당으로 재조직하려 했고, 김일성은 이를 자신에 대한 도전으로 받아들였다. 김일성은 허가이가 입당 기준을 높게 잡아 공산당에 가입을 원하는 많은 이들을 내쳤다고 공개 비판했다. 1924년 47만2,000명에 이르던 당원을 1928년 130만4,471명으로 획기적으로 늘린 소련공산당 초대 총서기장 스탈린만큼이나 김일성은 과감하게 신참 당원들을 받아들였다.[108] 당원이 늘어나자 스탈린과 김일성 모두 당대회를 비롯한 주요 의사결정 기구를 손쉽게 장악할 수 있었다. 경쟁자들은 열렬한 박수 소리에 기가 질려버렸다.

세가 더 많은 세로 이어지면서 지지자와 승률 사이의 곡선의 접선 기울기는 시간이 갈수록 상승한다. 한계적 변화가 증가하는 체증곡선이다. 먹을수록 빵맛이 떨어지는 체감곡선과 반대 모양이다.

권력투쟁의 전개 과정

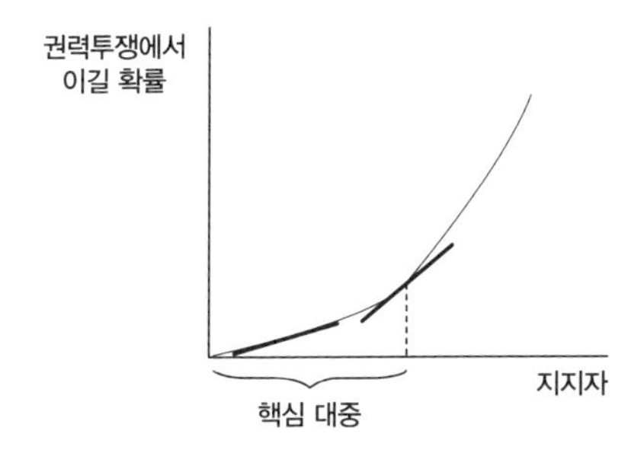

권력투쟁 초기 아직 충분히 많은 지지자가 모이지 않은 경우 추가된 한 명의 지지자가 가져오는 승률의 변화는 미미하다. 즉 위 그래프에서 초반 곡선의 접선 기울기가 완만하다는 뜻이다. 이 구간을 지나 충분히 많은 지지자(핵심 대중)가 모이게 되면 접선의 기울기가 급속히 증가하기 시작하는 티핑 포인트가 나타난다. 이제부터 지지자 한 명이 승률의 상승에 기여하는 정도가 상당하다. 더 빨리 더 많이 끌어당긴다. 쏠림이 일어난다.

그런데 체증곡선에서 티핑 포인트까지 도달하기는 쉬운 일이 아니다. 승리를 확신하는 핵심 대중이 똘똘 뭉쳐야만 이 구간을 무사히 지날 수 있다. 이 안개 자욱한 골짜기에서 거짓 정보나 오해 등에서 비롯된 한순간의 낙담이나 좌절은 대사를 그르친다. 그렇게 되면 이 구간을 건너는 데 실패한다.

핵심 대중에 미치지 못한 지지자의 수로 인해 몇몇이 승리를 의심하면서 상승이 아닌 소멸의 연쇄가 발생한다. 숫자로 표현하면 자신의 예상(10명)에 미치지 못한 지지자의 수(9명)를 목격한 9번째 지지자가 연합에서 이탈한다. 이제 남은 8명이 적다고 느낀 8번째 참여자가 떠나고 7명만 남게 된다. 이처럼 소멸의 되먹임이 반복되면 몇몇 소수의 심복만이 도전자의 곁을 불안한 눈빛으로 지킨다.

미국의 흑백 분리 현상이 이와 유사하다. 흑인과 백인이 섞여 살던 마을에서 몇몇 인종주의자들이 흑인과 살기 싫다며 떠난다. 이는 곧 마을 내 흑인의 구성비를 높여 이를 불편하게 느끼는 백인들을 더 떠나게 만든다. 다시 흑인의 비율이 높아지고 결국 소수로 남기 싫은 백인들마저 떠난다.

좀 더 극적인 소멸의 연쇄가 바로 1990년대 소련의 몰락이다. 소련이 곧 망할 것이라고 걱정한 일부 공산당 엘리트는 충성의 외피를 완전히 벗어던지고 이리 떼처럼 소련의 국부를 뜯어먹었다. 이에 총서기장이 미온적으로 대처하면서 소련 해체의 걱정과 불안은 점점 더 확신으로 변하고, 더 많은 이들이 국가를 약탈하는 데 동참하면서 걷잡을 수 없는 지경에까지 이르렀다. 끝내 소련은 모래성처럼 스르르 무너졌다.[109]

충분히 많은 핵심 대중을 확보하고 나면 이제부터는 기대가 기대를 불러오면서 소멸이 아닌 상승의 강한 되먹임이 시작된다. 부동산 가격이 상승한다는 기대로 가격이 올라가고, 이는 다시 가격 상승에 대한 기대를 부추긴다. 마찬가지로 한쪽이 더 강하다는 인식에 더 많은 이가 동참하고, 승리의 확신을 강화시키는 되먹임 속에서 세는 가파르게 상승한다. 심복, 조력자, 기회주의자 등 각양각색의 인물들로 가득 찬 마차에 늦게라도 올라타고 싶은 자들이 벗겨진 신발을 손에 쥐고 열심히 뒤쫓는다. 막 떠나려는 막차를 향해 뛰어가는 놀란 취객처럼 말이다. 초기 긴박했던 순간과 달리 강한 상승세의 되먹임 속에서 권력투쟁은 다소 허탈하게 마무리되곤 한다.

시간이 승리자의 편인 또 다른 이유가 있다. 반대 세력은 제풀에 쉽게 꺾이기 때문이다. 우리 모두는 미래를 기대하고 걱정한다. 얼마나 미래에 관심을 두고 있으면 불교에서는 현재에 집중하는 훈련이 수행의 핵심일까. 유독 우리의 자화상이 그러하다. 어느 대학 갈 거니, 어디 취직할 거니, 결혼은 언제 할 거니 등등 우리는 미래에 대한 질문을 자주 받는다. 그런데 "막차는 좀처럼 오지 않았(는)다." 기다리면 오긴 오는지, 아니면 이미 떠났는지 조바심이 난다.

유수 대학에서 박사학위를 마친 미취업 박사는 3~4년 정도는 거뜬히 버틴다. 술에 취해도 감정을 크게 드러내지 않고 분위기를 맞추면서 회식 자리를 지킨다. 그런 점잖은 사람이 미취업 5년 혹은 6년 차가 되면 갑자기 무너진다. 주위 사람들은 인성이 나온다고 험담한다. 인성이 아니라 판단이 달라졌기 때문이다. 4년 차까지는 교수가 되는 데 걸리는 시간이 평균의 기다림에서 크게 벗어나지 않는 정규분포normal distribution를 그린다. 여기서는 평균에서 크게 벗어난 사건의 발생 가능성이 거의 없다. 기다림이 초조하지 않다. 그런데 5년이 지나면서부터 기다림의 분포도가 극단값이 드물지 않은 멱함수power law를 그리기 시작한다. 여기서는 평균과 표준편차가 의미를 상실한다. 기다림이 길어질수록 그보다 더 긴 기다림을 상상하기 시작한다.[110] 마음이 무너진다.

마찬가지로 1인자에 반대한 세력은 처음에는 힘차게 저항을 노래하지만 시간이 갈수록 막차가 떠났다는 절망감이 밀려온다. 하나둘 신발을 찾아 신고 떠나는 파장 분위기의 잔칫집처럼 기다림에 지친 반대 진영에서는 이제 먼지가 날린다. 몇몇 남은 자들은 실낱같은 가능성에 마지막 무리수를 던지고 끝내 자폭한다.

왕건의 후삼국 통일 과정이 체증곡선의 전형을 보여준다. 아직 어느 쪽도 압도적 힘의 우위를 점하지 못한 상황에서 호족들은 이쪽저쪽 어느 편에 붙을지 고민스럽다. 지도자의 인물 됨됨이나 조력자의 면면을 살펴보면 왕건이 다소 나아 보이지만, 충신 신숭겸 장군의 희생으로 겨우 살아 도망간 공산

전투 이후 마음을 잡지 못한다.

이러한 고민을 한 번에 해결해준 사건이 바로 견훤의 투항이다. 아들의 횡포에 겁을 집어먹은 견훤이 왕건의 품으로 달려가고, 이를 왕건이 흔쾌히 받아준다. 이제 누가 이길 것인가에 대한 불확실성은 사라진다. 그리고 호족들은 자기를 죽일 뻔한 견훤마저 받아주는 왕건에게서 덕장의 풍모를 확인한다. 이를 주시하고 있던 신라의 마지막 왕 경순왕이 견훤의 뒤를 이어 왕건에 충성을 맹세한다. 곧이어 앞다투어 호족들이 왕건에게로 달려가고 자신의 딸들을 왕건에게 시집보낸다. 후삼국시대는 이렇게 막을 내린다.

하지만 권력을 잡은 승리자 대부분은 왕건의 됨됨이와 거리가 멀다. 셰익스피어의 작품에 등장하는 '줄리어스 시저'에 훨씬 가깝다. 더욱 피비린내 나는 싸움이 기다리고 있다. 거대 연합이 더 이상 필요 없어지자 승리자는 어제까지 동지였으나 오늘 찬찬히 뜯어보니 마음에 들지 않는 다수의 인물들이 눈에 들어온다.

줄리어스 시저가 말한다. "저기 카시우스는 수척하고 배고픈 표정을 짓고 있구나. 그는 생각을 너무 많이 해. 그런 사람은 위험해." 안토니우스는 시저의 의심을 누그러뜨리기 위해 "그는 위험하지 않습니다"라고 답하지만 시저는 동의하지 않는다.

"그는 책을 너무 읽어. 그는 뛰어난 관찰자야. 사람들의 소행을 꿰뚫어본다고." 이어 시저가 말한다. "뚱뚱하고, 머리에 기름을 발라 넘기고, 밤이면 잠만 잘 자는 그런 사람들을 내 주위에 두고 싶어."[111]

소설《1984》는 독재에서 운명이 갈리게 될 두 가지 인간형을 대비해 보여주고 있다.

윈스턴은 별안간 머지않아 사임(윈스턴의 동료)이 증발될 거라는 굳은 확신이 들었다. 그는 지나치게 지능적이었다. 너무 명확하게 관찰하고 너무 분명하게 이야기했다. 당은 그런 유형의 인간을 좋아하지 않았다. 언젠가 그는 사라질 것이다. 그게 그의 얼굴에 쓰여 있었다.
멍청한 엄숙함… 행동은 잽싸고 눈은 아주 작은데 얼굴은 살이 빵빵하게 쪄서 표정을 읽을 수 없는 사람들. 바로 이런 유형들이 당의 통치하에서 가장 쉽게 출세할 것 같았다.[112]

잠깐의 신뢰와 믿음의 시간은 끝났다. 끝없는 의심과 배신의 시간이 다가오고 있다. 이제 곧 피비린내가 진동할 것이다.

4. 거부할 수 없는 숙청의 유혹
: 수비가 공격보다 쉽다

배신의 아이콘, 독재자의 입장에서 한번 변명해보자. 아마도 변심한 연인의 마음이지 않을까? 시작하는 연인들 대다수는 '나중에 마음을 바꿔 먹어야지' 하고 미리 계획하지 않는다. 그저 그때그때 상황과 욕망에 충실했을 뿐 처음부터 거대한 청사진을 그려놓았다고 보기는 어렵다. 리비도(성적 욕망) 충만한 여느 젊은이들처럼 독재자 역시 어쩌면 순간순간을 살아가는 인간형에 가깝지 않을까 상상해본다.

만약 권력투쟁의 불확실한 미래를 계산해보고 요모조모 합리적으로 따졌다면 대부분 겁을 집어먹고 중도에 포기했을 것이다. 목숨이 왔다 갔다 하는 전투에서 필사즉생必死則生의 각오로 임하는 자가 칼을 잘 휘두르듯, 독재자는 눈앞의 맞수만 생각하기 마련이다. 불변하는 계획이나 엄격한 도덕 따위는 없다. 그저 권력의지의 본능만이 있다. "정치인은 결과에 책임진다"는 유명한 문구를 들먹이며, 독재자는 훗날 자신의 배신과 변심을 오히려 무용담처럼 자랑할 것이다.

여기, 의도하지는 않았지만 나중에 변심하게 되는 사례가 하나 있다. 친구 손에 이끌려 클럽에 간 다소 보수적인 청년은 자유분방하지만 아리따운 여인을 만나 첫눈에 사랑에 빠진다. 그녀도 그가 마음에 든다. 하지만 그가 자신에게 구애할지는 확신이 서지 않는다. 그의 보수성이 과연 그녀를 받아들일 수 있을지 의문스럽다. 그런데 자신의 자유분방함이 너무나 매력적이라고 말하는 게 아닌가. 그의 눈에서 진실한 마음이 느껴진다. 진심이었다.

그런데 아뿔싸! 타인에서 연인으로 발전하자 자신과 너무나도 다른 그녀의 열정과 자유가 곧 억누를 수 없는 의심과 질투로 그에게 번뇌가 되어 돌아왔다. 며칠 밤을 끙끙대다 끝내 청년은 여자에게 헤어지자고 말한다. 그녀는 당혹스럽다. 보통 자신이 먼저 이별을 통고했지 통보받은 적은 없기 때문이다.

이 정도로 극적이진 않지만 공중화장실을 이용하는 우리의 모습에서도 변덕스런 마음을 확인할 수 있다. 낯선 곳에서 화장실을 찾아 헤매다가 간신히 한 군데를 발견하고 감사한 마음으로 급하게 들어간다. 그런데 문제를 해결하자마자 주변이 더러운 걸 확인하고는 화들짝 놀라 황급히 나온다.

권력투쟁이 한창인 때 주위에 도움을 청하는 독재자의 마음은 아마도 클럽의 젊은이처럼 진심 어린 구애였을 것이다. 영광이냐 죽음이냐의 갈림길에서는 그 누구의 도움도 절실할 테니 말이다. 그렇지만 권력투쟁이 마무리되면 부지불식간에 독재자의 마음은 변한다. 공중화장실에서 볼일을 마친 여행객처럼 말이다.

춘추전국시대 오월동주吳越同舟(원수지간인 오나라 사람과 월나라 사람이 한 배를 탄다는 뜻)의 오나라 왕 부차夫差한테서도 이러한 변심이 잘 나타난다. 무리하게 월나라를 공격하다 부상을 입고 죽은 아버지 합려闔閭는 원래 차남 부차가 마음에 들지 않았다. 하지만 합려가 신뢰한 재상 오자서伍子胥의 전폭적인 지지 덕에 부차는 왕위에 오른다. 너무나 고마운 나머지 부차는 오자서에게 왕국의 반을 내어주겠다고 제안한다.

하지만 권력과 시간이 모든 걸 바꾸어놓았다. 오자서는 자결을 명하는 부차의 배은망덕에 분을 참지 못하고, 자신의 무덤에 자란 가래나무로 부차의 관을 짜라 유언한다. 그리고 자신의 눈을 동쪽 성문 앞에 달아 오나라의 몰락을 보고 싶다고 저주한다. 부차는 무덤 대신 자루에 넣은 그의 시신을 장강(양쯔강)에 던져버렸다. 왕위에 오를 당시 오자서에 대한 부차의 마음은 진심이었겠지만, 인간의 연약한 마음은 왕관의 무게를 견디기가 쉽지 않다.

사랑을 얻은 '순진남', 볼일을 해결한 '급한남'처럼 공격에서 수비로 처지가 바뀐 독재자의 변심은 무죄(?)다. 그럼 공격과 수비의 상황은 왜 그토록 다른가?

작은 견공은 자기 영역을 침범한 상대를 향해 물러서지 않고 물고 늘어진다. 그리고 쫓아버린다. 얻는 기쁨보다 잃는 슬픔이 훨씬 크다는 행동경제학의 근본 공식 '$U(X) < |U(-X)|$'가 사람뿐만 아니라 개한테도 적용되는 듯하다. 본래 지키려는 마음이 가지려는 마음보다 강한 법이다.

권력투쟁에서는 또 다른 이유로 수비가 공격보다 상당히 유리하다. 조정의 내재적 속성인 현상 유지 편향 때문이다. 흄은 독재자의 전략적 이점을 다음과 같이 묘사한다.

> 교묘하고 과감한 자가 군과 당파의 중심에 서서 폭력과 거짓말로 그의 조직보다 몇백 배나 많은 이를 지배한다. 공개적 소통을 금지함으로써 그의 적들이 자기편의 수와 세에 대해 확신할 수 없도록 조치한다. 그는 또한 반대하는 자들이 단체로 모일 수 있는 여유를 주지 않는다. 심지어 그의 몰락을 내심 바라는 부하들 역시 주위의 의도를 알지 못한 채 경외심 가득 찬 눈빛으로 독재자를 바라보고 있다. 이런 무지가 그의 안전의 유일한 버팀목이다.[113]

권력을 잡은 자는 이제 '적당한 부지런함'으로 잠재적인 반대 세력을 경계만 해도 큰 어려움 없이 권좌를 지킬 수 있다. 적의 나팔수를 죽이고 소통을 금지하고 회합을 막으면 사람들은 내심 독재자를 미워하지만 겉으로는 경외의 눈빛으로 그를 바라본다. 끔찍한 처벌의 그림자와 알 수 없는 동료의 속마음 앞에서 어느 누구도 다른 쪽으로 발을 떼지 않는다. 그곳이 천 길 낭떠러지일지도 모르기 때문이다.

한비자는 세勢를 가리켜 "높은 절벽 위에 서 있는 굽은 소나무"라고 했다. 소나무가 크고 곧고 우람할 필요는 없다는 말이다. 개인의 카리스마는 독재자가 되기 위한 필요조건이 아니다. 어쩌면 볼품없는 외모가 도움이 될지도 모른다. 굽은 등과 말라서 뒤틀린 팔다리 덕에 리처드 3세의 야망은 경계심을 자극하는 대신 모두의 비웃음을 샀다고 셰익스피어는 묘사한다.

높은 위치로 말미암아 굽은 소나무는 자연스럽게 초점의 지위를 획득한다. 높은 곳에 있는 그를 모두가 주목하고 복종한다고 믿기에 그는 총칼로 위협하지 않고 말 한마디로 지시를 관철시킬 수 있다.

이를 '치킨 게임'으로 살펴보자. 좁은 골목에서 두 대의 자동차가 서로를 향해 빠른 속도로 돌진한다. 피하면 살 수는 있지만 불명예를 안고 상대의 부하가 되어야 한다. 만약 어느 쪽도 피하지 않으면 둘 다 죽거나 치명적인 부상을 입게 된다.

이 게임은 그 유명한 '죄수의 딜레마 게임'보다 훨씬 전략적이고 흥미진진하다. 죄수의 딜레마 게임에서는 상대의 선택을 고려할 필요가 없다. 그냥 배신이 최고다. 그렇지만 치킨 게임에서는 상대가 어떤 선택을 할 것인지에 대한 각자의 믿음이 중요하다.

흔히 승리 전술로 제안되는 '자동차 핸들 뽑기'는 나의 마음을 다잡기 위해서가 아니라 상대의 마음을 흔들기 위한 과감한 선택이다. 여기서는 핸들을 몰래 뽑아서는 안 된다. 뽑은 핸들을 마구 흔들어 상대가 볼 수 있도록 해야 한다. 내가 차를 조정할 수 없다는 사실을 상대가 확신토록 하기 위해서 말이다. 핸들을 뽑아버려 내가 돌진할 수밖에 없다고 믿은 상대는 방향을 돌린다. 그리고 상대의 합리적 선택을 믿기에 나는 과감하게 핸들을 뽑는다.[114] 단, 이때 몸 여기저기 자해의 흔적이 뚜렷한 상대가 달려든다면 함부로 핸들을 뽑아서는 안 된다. 죽음을 개의치 않거나 상황을 제대로 인식 못하는 미친 자일 수도 있기 때문이다.

그런데 모두가 복종한다고 모두가 믿는 수장의 말 한마디로 두 명의 운전자는 핸들을 뽑지 않고도 위험한 갈등을 해결할 수 있다. 모두에게 들리는 스피커에서 "누구는 돌진하고 누구는 양보하라"는 수장의 지시 덕분에 한쪽은 상대의 양보를 확신하고 주저 없이 돌진한다. 상대 역시 그의 돌진을 믿어 의심치 않기에 바로 핸들을 돌린다. 수장에 복종한다는 모두의 믿음으로 갈등은 쉽게 해결되고 질서는 회복된다.[115]

이미 엘리트와 인민은 모두 1인자에게 조정한 상태다. 이 때문에 몇몇 주요 조력자를 없애버리는 그의 배신이 초래하는 반발의 위험은 크지 않다. 오히려 아직까지 자리를 지키고 있는 엘리트는 '설마 나는 아니겠지?' 하고 자위하며, 1인자의 배신을 숙청당한 자의 잘못으로 돌려버린다. 게다가 1인자가 권좌에 오른 이상 일시에 상당한 세를 모으지 않고는 그 누구도 도전자의 승리 가능성을 믿지 않는다. 심지어 독재자를 따르는 소수의 충성파는 무지막지한 폭력을 휘두르면서 도전 세력을 초전에 박살낼 수 있다. 이제 독재자는 자기 주위에 너무 많이 왔다 갔다 하는 쓸모없어진 조력자들을 성가신 파리 떼 보듯 한다.

흄이 묘사하듯이 지배 분파의 절대다수가 독재자를 미워해도 상관없다. 이들이 공공연히 말할 수 없고 모일 수 없도록 조치하면 그만이다. 심복이라 여겨지는 이들조차 속으로 독재자를 경멸할지라도 겉으로는 독재자의 지시를 철저히 따른다. 왜냐하면 자신처럼 속으로만 독재자를 경멸하고 있는 동료 보초가 두렵기 때문이다. 얼마나 많은 이들이 독재자를 싫어하는지 알 수 없는 정보의 암흑 속에서 공식적으로 최고 자리에 올라선 독재자는 엘리트의 조정이 부여하는 권능으로 절대다수를 쉽게 지배할 수 있다.[116]

권력을 방어하는 위치에 있는 자는 자신에게 도전할 거대 연합이 형성되는 것을 사전에 억제하는 것만으로도 충분하다. 억제는 어렵지 않다. 성공 가능성이 불확실한 가운데 무자비한 처벌의 확실성은 도전의 합리성을 제거해버린다. 결국 극히 무모하거나 독재자에게 사무친 원한을 가진 소수의 무리만 남게 된다.

단, 독재자는 반대 세력의 잠재적 초점을 주기적으로 제거할 필요가 있다. 특별히 존경과 인기를 얻고 있는 권력 서열 2위야말로 엄청난 위협이며 제거의 대상이다. 그래서 2인자의 삶은 평탄치 않다. 북한의 2인자 장성택의 인생 역정이 그렇다.[117]

그래서 2인자의 이야기도 1인자만큼 흥미롭다. 중국 역사에서 처신을 달리한 두 명의 유명한 2인자가 있다. 범려范蠡와 한신韓信이다. 월나라의 책사로 왕 구천句踐을 도와 부국강병을 이끈 범려는 자신의 친구 문종에게 "사냥이 끝나면 쓸모없어진 사냥개는 잡아먹힌다"는 편지를 보내 월나라를 도망쳐 목숨을 도모할 것을 강권한다. 현명한 범려와 달리 유방劉邦의 영원한 2인자 한신은 순진하게도 유방의 호의가 계속되리라 믿고 자신의 옛 친구의 목을 바치는 자리에서 배신당한다.

존경받던 2인자도 사라지고, 언로言路를 꽁꽁 틀어막은 폭군에게는 자신을 충성스럽게 따르는 소수의 무리만이 필요할 뿐이다. 그리고 처벌이 무자비할수록 더 적은 수의 조직화된 앞잡이로 더 많은 오합지졸을 지배할 수 있다. 앞서 확인했듯이 권력을 잡는 과정은 체증곡선 그래프 모양을 띤다. 도전 초기, 아주 낮은 성공 가능성에 잔인한 처벌까지 따른다는 두려움이 더해지면 누구도 쉽사리 반역을 주제로 소곤거리거나 광장으로 나올 수 없다. 한때 결의에 찬 소수의 반대 무리는 하나둘 신발을 챙겨 떠나는 소멸의 악순환을 겪고, 나머지는 스스로 잠잠해진다. 권력을 지키기가 더욱더 쉬워진다.

권력의 방어는 체증곡선과는 반대로, 초반 접선의 기울기가 급하고 갈수록 완만해지는 체감곡선의 형태를 띤다. 경제학 교과서에서 흔히 다루는 한계효용 체감의 법칙이 대표적이다. 배가 고플 때 밥 한 숟가락의 효용은 매우 크다. 그러다 몇 숟가락 먹고 나면 즐거움은 크게 감소하고, 얼마 지나지 않아 더 이상 숟가락을 들고 싶지 않은 순간이 찾아온다.

초반에 몇몇 충성파가 무자비한 폭력을 행사하면 독재자가 권력을 지킬 확률은 크게 상승한다. 그리고 이후 추가되는 충성파의 기여도는 이전만 못하다. 학교의 팀 프로젝트 과제와 비슷하다. 소수의 모범생이 울며 겨자 먹기로 밤을 새워가며 과제를 완수한다. 복학생들은 무임승차하면 그뿐이다. 그런데 팀 프로젝트와 한 가지 다른 점이 있다. 권력을 지키는 단계에서 소수의 충성파를 제외한 나머지는 숙청 대상인 여분의 잉여가 된다.[118]

이제 권력투쟁의 이 모든 이야기를 그래프로 그려보자. 권력을 잡기 위한 곡선(A)과 권력을 지키기 위한 곡선(B)은 서로 정반대다. 체증곡선과 체감곡선이다. 체증곡선은 조심스럽게 사랑에 빠지는 모습으로, 체감곡선은 금방 사랑에 빠지는 모습으로 비유하면 이해하기 쉽다. 체증곡선과 체감곡선을 겹쳐놓은 '숙청의 불가피성' 그래프는 독재정치의 역사 전반에 걸쳐 숙청이 비일비재한 이유를 간단명료하게 보여준다.

예를 들어 0.5의 승률에 다다르기 위해 필요한 충성파의 수에서 두 곡선은 큰 차이를 보인다. 권력을 잡기 위한 체증곡선(A)에서는 L1에 해당되는 충성파가 필요하고, 권력을 지키기 위한 체감곡선(B)에서는 L2에 해당하는 충성파가 필요하다. 즉 권력을 잡는 데 필요한 충성파가 권력을 유지하는 데 필요한 충성파보다 훨씬 많다. 그리고 체증곡선(A)의 한 지점에서 체감곡선(B)까지의 차이가 권력을 잡은 이후 정치적으로 무리가 없는 숙청의 최대치를 보여준다. 구체적으로 얼마나 많은 이가 숙청당할지는 알 수 없으나, 상당한 숙청이 불가피해 보인다.[119]

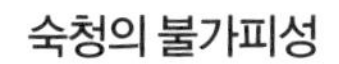

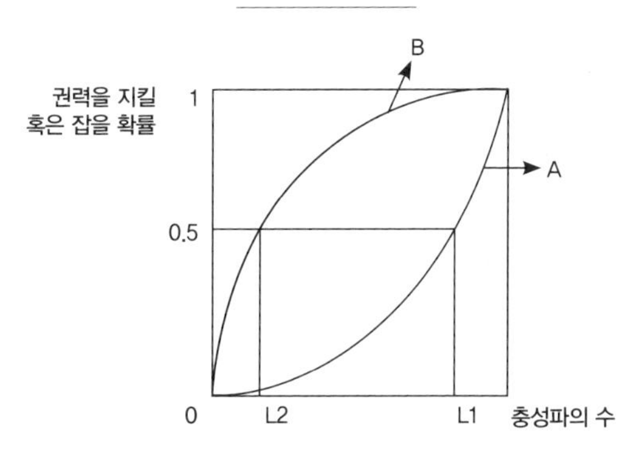

숙청은 독재자의 사사로운 비뚤어진 마음이 아니다. 독재자에게 커다란 정치경제적 이익을 가져다준다. 숙청으로 지배 엘리트의 수가 줄어들면 독재자는 지배 비용을 절약할 수 있다. 입이 줄어들기 때문이다.[120] 하지만 이보다 더 중요한 정치적 이점은 측근들의 정치적 충성도와 복종심을 높일 수 있다는 사실이다.

간단한 게임으로 생각해보자. 많은 구슬(후보 집단)이 들어 있는 주머니에서 구슬 뽑기로 지배 엘리트를 정한다고 하자. 주머니 속 구슬이 많아지거나 뽑는 구슬의 수가 줄어들면 각각의 구슬이 뽑힐 확률은 낮아진다. 그리고 왕, 총서기장, 위원장 등이 바뀌면 처음부터 다시 구슬을 뽑는다.

이 게임으로 고려와 조선을 비교해볼 수 있다. 문벌 귀족 사회인 고려는 주머니 속 구슬의 수가 적고 왕은 거기서 많은 구슬을 뽑아야 하는 나라다. 지난번 뽑기에 당첨된 구슬(인물)이 다시 뽑힐 확률이 상당히 높다. 즉 왕이 바뀌어도 기존 지배 엘리트의 정치적 운명은 별로 흔들리지 않는다. 결국 출세한 문벌 귀족은 왕을 위해 목숨을 바치지 않는다. 오히려 독살에 공모한다. 반면, 소수 문벌 귀족이 아닌 다수 양반에서 지배 엘리트를 충원한 조선의 왕은 훨씬 많은 구슬이 담긴 주머니를 가진 입장이다. 왕이 바뀌면 고위 양반 관료는 관직을 잃고 물러나야 할 가능성이 높다. 이들은 왕과 함께 끝까지 간다.[121] 뽑아야 할 구슬(요직)의 수를 줄이고 주머니 속 구슬(후보 집단)을 늘리는 선택은 왕에 대한 충성도를 높인다.

다시 스포츠로 이야기를 풀어보자.[122] 대학 체육대회에 학과별 대항전이 있다. 모든 학과에서 10명당 1명꼴로 축구를 잘하는 학생이 있다고 가정하자. 학생 수가 110명인 학과(대과)와 50명인 학과(소과)가 축구 대항전을 벌인다. 대과는 11명 모두 정예 선수의 강팀이다. 소과는 5명의 에이스와 6명의 X맨으로 구성되어 있다. 학과 대항전 축구경기에서 대과가 소과를 자주 이길 수밖에 없는 이유다. 그런데 50명인 학과가 110명으로 정원을 늘렸다. 그럼 과거에 주전으로 뛰던 6명의 학생은 운동장이 아닌 관중석에서 응원을 하게 될지도 모른다.

이번에는 국제 축구 연맹 피파FIFA에서 축구 게임의 규칙을 갑자기 변경하는 바람에 11명이 아니라 5명이 게임을 한다고 해보자. 이 경우 정예 중의 정예가 선발된다. 선수 사이도 팀 사이도 실력 차이가 거의 없다. 경쟁은 치열해지고 승부는 예측하기 어렵다. 이때 경기에 참가하는 선수의 수를 줄이는 것이 바로 숙청이다. 정예 중의 정예로만 요직을 채울 수 있다.

구슬 주머니와 축구 대항전 이야기를 정리해보자. 절대 권력을 원하는 독재자는 다음과 같은 구슬 뽑기를 원한다. 첫째, 구슬을 주머니에 가능한 한 많이 집어넣는다. 둘째, 뽑아야 할 구슬의 수를 최소로 줄인다. 소련의 스탈린, 북한의 김일성이 만든 구슬 뽑기다. 그들이 주창한 소위 인민민주주의는 구슬을 최대로 집어넣은 주머니다. 출신 성분이 나쁜 계급을 제외하고 인민 모두가 구슬에 들어간다. 그리고 대숙청의 소련과 혁명적 수령관에 기초한 주체의 사회주의 북한은 뽑아야 할 구슬의 수를 최소로 줄인다. 결국 프롤레타리아트 독재 혹은 인민민주주의라는 이름으로 완성한 개인독재는 지배 엘리트의 충성도를 최대로 끌어올린다. 총서기장과 수령의 은사를 입은 소수의 앞잡이가 목숨 바쳐 충성한다. 자신들이 사냥꾼에서 사냥감으로 전락하기 전까지는 말이다.

엘리트의 쏠림 덕분에 예비 독재자는 싸우지 않고 1인자에 등극한다. 이제 핏빛 숙청의 유혹이 강렬하다. 숙청의 기술이 필요한 순간이다.

개인독재의 기술

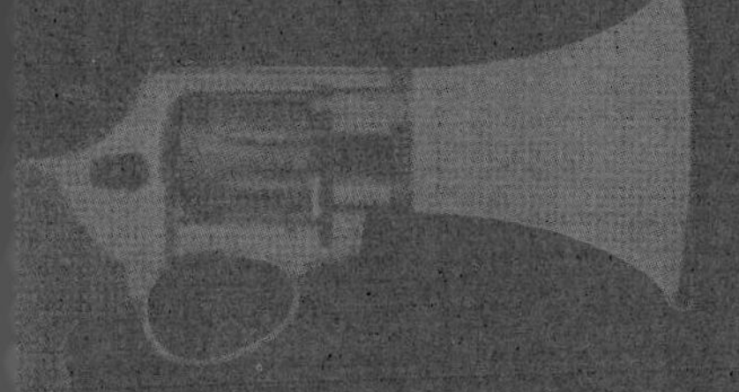

Principle of Dictatorship

1. 숙청의 기술

1920년대 소련 엘리트는 1980년대의 원로정치gerontocracy로 상징되는 집단독재를 어째서 처음부터 단단히 세우지 못하고 스탈린에게 속수무책으로 당했을까? 그들은 순진했던 걸까? 아니면 무능했던 걸까? 해방 이후 북한의 소련파, 갑산파, 연안파는 왜 김일성과의 다툼에서 똘똘 뭉치지 못했을까? 그들은 적당한 지위에 안분지족하는 자들이었을까? 이제부터 차근차근 살펴보자.

많은 현자들에 따르면, 숙청은 전격적이고 비밀스러워야 한다고 말한다. 이의 근거가 그럴싸하다. 전격적으로 많은 수를 한꺼번에 없애버려 반대 세력이 반격할 여유를 주지 않아야 한다는 설명이다.[123] 쿠데타는 그렇게 수행하는 게 맞다. 다 함께 말을 타고 혹은 탱크를 몰고 이른 새벽 왕궁이나 대통령궁을 급습해서 단번에 집권 세력 전체를 초토화시켜야 한다. 중요한 건 그다음에 벌어지는 일이다. 성공한 혁명과 쿠데타에 참여한 파벌 수장들 사이의 느슨한 집단독재 체제에서 어떻게 1인자가 절대 권력을 차지하는지 말이다.

전격적인 숙청에 반하는 마오쩌둥의 유언이 있다. 그는 죽기 6개월 전인 1976년 4월 30일, 자신이 후계자로 지명한 화궈펑에게 세 가지 최고 지시를 하달했다.

1. 천천히 하고 서두르지 마라.
2. 과거의 방침에 따라 일을 처리해라.
3. 네(화궈펑)가 일을 하면 나는 마음이 놓인다.[124]

천천히 안전하게 숙청하기 위해서 1인자는 무엇보다 의도를 비롯한 정보의 불확실성을 가능한 한 오랫동안 유지해야 한다. 거물들을 숙청할 때 숙청의 이유를 명확히 하는 공개재판을 거치고, 자신은 오직 조국과 당의 혁명 정신에 봉사할 뿐이라고만 외치면 충분하다. 그러면 남은 자들은 '지루하고 볼품없는 그가 설마 절대 권력을 원하겠어?'라며 안도한다. 그런데 이 '설마'가 엘리트를 잡는다.

몇몇 엘리트에게는 의도가 들켜도 상관없다. 그냥 막무가내로 우기면 순진한 이는 그대로 믿는다. 선별적이고 점진적인 숙청을 바라보는 엘리트는 '나는 아니겠지'라는 안도 혹은 정신 승리 속에서 독재자의 호의를 얻기 위한 경쟁에만 몰두한다. 하지만 주위 동료가 하나둘 사라지고 나면 모든 게 분명해진다. 이미 기차는 떠났다는 것을 말이다.

엘리트의 도전과 충성

엘리트 I \ 엘리트 J	도전	충성
도전	b/[1-p(집단독재)], b/[1-p(집단독재)]	0, a/[1-p(개인독재)]
충성	a/[1-p(개인독재)], 0	c/[1-p(개인독재)], c/[1-p(개인독재)]

이를 게임 모델로 분석해보자. 논의의 편의상 두 명의 엘리트가 하는 정치 게임을 상정한다. 엘리트는 독재자에게 충성하거나 도전할 수 있다. 함께 도전하면 권력을 나누어 가지는 집단독재가 성립한다. 혼자 도전하면 그는 모든 걸 잃고 죽임을 당하거나 수용소로 보내진다. 혼자 충성하면 나중에 어떻게 될지 몰라도 당장에는 많은 지분을 독재자로부터 부여받는다. 너도나도 독재자에게 충성하면 개인독재 하에서 제한된 지분을 다른 경쟁자와 나누어 가져야 한다. 한 번의 게임에서

받는 엘리트의 보상은 개인독재에서 혼자 충성하는 경우 a, 모두가 도전한 집단독재의 경우 b, 개인독재에서 모두가 충성하는 경우 c로, 이 관계는 a〉b〉c 순으로 보상이 따른다.

미래는 불확실하다. 개인독재든 집단독재든 독재정치의 엘리트는 누구 못지않게 미래를 걱정한다. 법치와 사적 재산권 등이 작동하지 않는 독재정치 특유의 불확실성 때문에 비록 오늘은 많은 특권과 즐거움을 누리고 있지만 과연 언제까지 계속될지 마음속으로 자문한다. 엘리트가 누리는 미래의 확실성은 그가 세습적·관습적 권리를 지닌 귀족인지, 혹은 위원장이나 왕, 수령 등의 호의만으로 출세한 가신인지에 달렸다.

집단독재에서는 독재자의 자의적 권력 남용을 막고 자신의 이해관계에 반하는 결정에는 거부권을 행사할 수 있기에 고위 엘리트의 미래는 꽤 확실하다. 게다가 자신의 정치적 지위는 관습적 권리로까지 인정받는다. 거의 귀족에 가깝다. 따라서 집단독재 하에서 엘리트의 미래에 대한 확실성 정도인 p(집단독재)는 거의 1에 가깝다.

이와 달리, 개인독재에서 독재자의 호의에 전적으로 의존하는 가신은 독재자가 나를 얼마나 오랫동안 사랑할 것인가에 대한 믿음이 확률값을 결정한다. 믿음이 강할수록 내일도 이 자리를 지킬 주관적 확률값이 높다. 그렇지만 집단행동과 거부권으로 뒷받침되는 집단독재를 따라갈 수는 없다. 엘리트의 도전을 걱정하는 독재자의 두려움이 그의 호의보다 훨씬 큰 미래에 대한 기대를 엘리트에게 제공한다. p(집단독재)〉p(개인독재)다.

집단독재가 보장하는 확실한 미래의 예로 브레즈네프 시대 소련의 원로정치가 있다. 냉전 시절, 철의 장막 너머 동토의 왕국으로 묘사되곤 했던 소련은 엘리트에게는 따뜻한 나라였다. 1980년대 초 당시 내각과 정치국의 평균 연령은 70세였다. 오직 생물학적 죽음을 피할 수 없을 때만 정치국원이 교체되었다.

1960년대 소련공산당 중앙위원회에서 전임자 흐루쇼프를 몰아내고 등극한 브레즈네프는 "간부에 대한 존경"이라는 다소 이상한 기치를 내걸고 1982년까지 꽤 오랫동안 총서기장직을 유지했다. 그의 동료들 역시 함께 늙어갔다. 그의 후임 총서기장인 유리 안드로포프(1982~1984년 집권)와 연이은 콘스탄틴 체르넨코(1984~1985년 집권)가 곧바로 사망한 황당한 사태가 발생한 배경이기도 하다. 그만큼 간부를 존경한 집단독재에서 엘리트의 정치적 미래는 확실했다.

이제 각각의 경우에서 불확실한 미래를 포함해 엘리트의 기댓값을 계산해보자. 이는 등비수열의 합을 구하는 것과 같다.[125] 집단독재의 엘리트가 오늘 계산한 기댓값의 총합은 b/[1－p(집단독재)]다. 개인독재에서 홀로 충성한 엘리트의 총 기댓값은 a/[1 − p(개인독재)]다.

먼저 개인독재에서 모두가 충성하는 경우 총 기댓값은 c/[1-p(개인독재)] 〉0(혼자 도전한 경우)로, c가 0이 아닌 이상 성립한다. 관건은 b/[1 − p(집단독재)]와 a/[1 − p(개인독재)] 사이의 관계다. 혼자 충성할 때 총 기댓값(a/[1 − p(개인독재)])이 함께 도전할 경우의 총 기댓값(b/[1 − p(집단독재)])을 넘어선다면 엘리트의 상호작용은 죄수의 딜레마 게임이 된다. 이 경우 상대 엘리트가 어떤 선택을 하든 충성이 합리적이다. 상대도 마찬가지다. 따라서 두 명 모두 충성함으로써 개인독재가 쉽게 성립한다.

이와 달리 집단독재의 총 기댓값(b/[1 − p(집단독재)])이 홀로 충성한 경우의 총 기댓값(a/[1 − p(개인독재)])을 앞선다면 엘리트 사이의 게임은 조금 복잡해진다. 상대의 선택에 관계없이 자신에게 유리한 선택이 항상 존재하는 죄수의 딜레마 게임이 아니라 상호 의존적 조정 게임으로 전환된다. 각자의 합리적 선택은 상대의 선택에 달렸다. 정확히 말해 상대의 선택에 대한 자신의 기대에 따라 합리적 행위자의 선택이 바뀔 수 있다. 만약 상대가 충성할 것이라 기대한다면 자신도 충성을 선택하며, 상대가 도전을 선택한다고 서로 믿으면 함께 도전해서 집단독재를 만든다.

무엇보다 p(집단독재)와 p(개인독재)의 값이 결정적이다. 개인독재에서 자신이 오랫동안 살아남을 수 있다고 확신한다면, 즉 p(개인독재)의 값이 올라가면(a/[1 −p(개인독재)]에서 분모가 작아지고 전체 값이 커진다), a/[1 −p(개인독재)] 〉 b/[1 −p(집단독재)]의 선호도를 보일 것이다. 따라서 상대방이 어떤 선택을 하든 상관없이 충성이 최선의 선택이 된다. 도전을 염두에 둘 필요가 없다. 죄수의 딜레마 게임에서 확인했듯이 집단독재의 가능성은 사라진다. 그래서 개인독재를 원하는 독재자는 p(개인독재)의 값을 높일 필요가 있다. 이를 위해 독재자는 신중하게 말하고 행동해야 한다. 절대 권력을 갈망하는 속내를 최대한 숨겨야 한다.

그렇다고 숙청을 완전히 포기할 필요는 없다. 명분을 크게 내세워 숙청이 그 자체로 분명한 신호를 보내지 못하도록 하면 된다. 행동이 말보다 시끄럽다는 속담이 있지만 사실 약간 더 시끄러울 뿐이다. 숙청 대상자가 인민의 적으로 반역을 도모했음을 만천하에 공표하고(증거는 필요 없다), 자신의 권력을 키우기 위한 조치가 아님을 줄기차게 떠들면 된다. 가끔씩 사의를 표명하는 식의 쇼도 나쁘지 않다. 살아남은 엘리트에게는 사랑한다고 무한 반복한다. 그러면 엘리트는 독재자의 말을 그대로 믿고 싶은 나머지 충성 경쟁이라는 죄수의 딜레마 게임을 다른 엘리트와 벌인다. 개인독재로의 탄탄대로가 펼쳐진다.

독재자의 호의만 얻으면 오래 살아남을 수 있다고 믿는 분위기 속에서 엘리트 사이의 약속은 무의미하다. 아무리 술을 마시고 피의 맹세를 해도 소용없다. 다음 날 아침 술이 깨고 나면 상대의 배신이 걱정된다. 그 역시 나의 배신을 걱정할 것이라는 우려가 든다. 배신한 자는 당장 큰 이익을 얻고 배신당한 자는 총알받이로 사라진다. 단판으로 끝나는 죄수의 딜레마 게임이라 협력의 가능성은 전혀 없다.[126] 반역의 음모를 꾸미는 엘리트의 딜레마를 마키아벨리는 다음과 같이 묘사하고 있다.

> 음모에는 항상 무수한 어려움과 위험이 따른다. 많은 음모가 있어왔지만, 경험상 성공한 음모는 별로 많지 않다. 음모자는 단독으로 행동할 수 없으며, 불평불만자로부터 도움을 구하지 않을 수 없기 때문이다. 그러나 불평분자에게 자신의 음모를 털어놓는 것은 그에게 불만을 해소할 기회를 주는 셈이다. 이제 그는 충분한 보상을 확실히 기대할 수 있기 때문이다. 한편으로 음모를 폭로하는 데 따른 확실한 이익이 예상되고, 다른 한편으로는 가담하는 것이 수많은 위험과 불확실한 이익만 예상될 때 실로 그가 음모자인 당신의 비밀을 지킨다면, 그는 당신의 둘도 없는 친구이거나 또는 군주와 불구대천의 원수임이 분명하다. 요컨대 음모자에게는 오직 발각이나 배신의 공포와 끔찍한 처벌의 전망만 있는 데에 반해 군주는 자신의 지위에

상응하는 위엄, 자신의 뜻대로 할 수 있는 법과 정부의 자원은 물론 동맹국의 지원에 의해서 뒷받침된다.[127]

믿음직스러운 왕건의 반대편에 철퇴 궁예가 있다. 여유를 잃어버린 독재자의 편집증적 광기는 p(개인독재)의 값을 크게 떨어뜨린다. 무분별한 숙청으로 미래는 어두컴컴해지고 미래의 보상은 그 가치를 잃어버린다. 이 때문에 집단독재의 보상이 개인독재를 훌쩍 뛰어넘는다. 공포의 그림자 속에서 엘리트의 선호도는 조정 게임으로 전환된다. 이제 집단독재에서의 공존이 개인독재에서 혼자 출세하는 것보다 훨씬 낫다. 미친 독재자의 불안한 가신이 아니라 관습적 권리를 향유하는 귀족으로 지내고 싶은 마음이다. 철퇴 궁예를 바라보는 모두의 마음이다.

숙청 과정에서 독재자는 사람들에게 두려움을 심어주어야지 불안감을 조성해서는 안 된다. 급하거나, 겁먹었거나, 오만한 마음에서 벌인 무차별적 숙청은 모두를 불안하게 만든다. "너희들, 내가 외국에서 돌아가면 다 죽었어"라고 말하는 독재자는 참으로 어리석다. "다 죽었어"라는 말로 모두를 불안에 떨게 하기 때문이다.《이솝우화》의 미친 사자 이야기처럼 말이다.

사자가 미쳐 날뛰고 있었다. 사슴이 숲에서 사자를 보고 외쳤다. "우리에게 재앙이 닥쳤소. 저자가 정신이 맑을 때도 우리는 견딜 수 없거늘, 저렇게 미쳐 날뛰니 무슨 짓인들 못하겠소."[128]

미친 사자를 보며 숲속의 모든 동물들 사이에 불안감이 삽시간에 퍼진다. 모두들 사자가 없어지기를 바라는 공동지식이 자연스럽게 일어난다. 이제 사자는 숲속 동물의 공공의 적으로 타도의 대상이 된다. 결국 엘리트 집단이 아니라 외국에서 돌아온 독재자가 죽는다.

영화에서 자주 묘사되는 정적을 손쉽게 처리하는 은밀한 암살은 모두를 불안하게 만든다. 누구든 그다음이 될 수 있기 때문이다. 그래서 독재의 전범典範 김일성은 몰래 암살자를 보내는 대신 공개 석상에서 다음 숙청 대상자를 분명한 어조로 성토했다. 누가 다음인지 모두에게 분명히 했다. 이제 나머지는 불안하지 않다. 두려울 뿐이다. 불안한 자는 긴장을 이기지 못해 우발적으로 과격해지지만, 두려운 자는 그냥 납작 엎드린다.

숙청의 피비린내에 질린 엘리트가 결국 어떻게 행동했는지는 소련의 경험에서 뚜렷이 알 수 있다. 스탈린의 피의 숙청과 흐루쇼프의 권력 남용을 겪은 소련의 엘리트는 정신을 차리고 느슨한 끈 대신 튼튼한 동아줄로 총서기장을 자리에 꽁꽁 묶어두었다. 집단독재의 운영 규칙을 분명하게 세우고 신분의 안정성을 확보하며 엘리트가 관리·점유하는 국유재산에 대한 실질적인 재산권(부패)을 누렸다. 권력을 분점한 엘리트이기에 총서기장이나 그 누구도 쉽게 그들의 특권을 함부로 침해하지 못했다.

사실 독재자의 능란한 연기에 속은 일시적 판단 착오가 아니라면 엘리트 입장에서는 집단독재 체제가 훨씬 낫다. 1980년대 소련공산당 엘리트와 오늘날 조선로동당 엘리트의 상반된 처지에서 쉽게 확인할 수 있다. 전자가 귀족이라면 후자는 가신이다. 사소한 잘못과 실수로 모든 걸 잃을 수 있는 수령제는 공산 엘리트에게 최악의 독재 형태다.

엘리트들 사이에서 충성 경쟁이 불붙고 나면 이제 독재자는 숙청의 속도를 높이는 것을 주저할 필요가 없다. 많은 동료 엘리트의 증발과 독재자의 권력욕을 관찰한 엘리트는 때 늦은 후회도 해보지만 충성 경쟁의 소용돌이에서 탈출하기란 쉽지 않다. 다수가 일거에 도전해야 하는데, 감시와 비밀주의 아래서는 가던 길을 계속해서 가는 수밖에 별도리가 없다.

앞서 게임 모델로 다시 논의해보자. 개인독재가 깊어질수록 자신이 살아남을 확률이 처음 판단에 전혀 미치지 못한다는 냉혹한 현실을 다수 엘리트가 깨닫고 난 후 선호도는 b/[1 − p(집단독재)] 〉 a/[1 − p(개인독재)]로 바뀐다. 이제 죄수의 딜레마 게임이 아니라 조정 게임이다. 그러나 이미 너무 늦어버렸다. 과거가 현재의 발목을 잡는다. 충성 경쟁이라는 내쉬 균형이 부과하는 경로 의존적 제약 때문에 엘리트는 함께 도전하는 새로운 균형으로 이동하지 못한다.

앞서 3장에서 살펴보았듯이 조정의 내쉬 균형은 좋든 나쁘든 현상 유지적이다. 내쉬 균형에서는 누구도 일방적으로 기존 선택을 변경할 유인이 없다. 단, 강력한 공동지식을 기반으로 다수가 일거에 들고일어난다면 새로운 균형점(도전, 도전)인 집단독재로 이동할 수 있다. 하지만 매일매일 조직지도부에 일거수일투족을 보고하고, 잘못하면 언제 어디로 끌려가 죽을지도 모르는 엘리트가 할 수 있는 일은 아니다.

그렇기에 엘리트 집단은 처음부터 독재자에게 권력 분점을 위한 명확하고 공식적인 규칙을 요구해야 한다. 정도전처럼 말이다. 쿠데타, 혁명 직후가 엘리트에게는 골든타임이다. 독재자의 힘 있는 조력자들은 꼴 보기 싫은 맞수에 대한 질투나 시기심에 사로잡혀 정작 중요한 사실을 놓쳐서는 안 된다. 평소 마음에 들지 않은 자를 독재자가 대신 괴롭혀준다고 뒤에 숨어서 낄낄거리며 좋아했다가는 그다음 칼날이 자신을 향할지도 모른다. 트로츠키를 질투한 지노비니에프, 소련파와 으르렁거린 연안파의 운명처럼 말이다.

마오쩌둥의 암묵적 언지를 과신하고 선을 넘은 파벌 지도자 가오강高崗을 한 번 더 용서해주는 아량을 당시 혁명 동지들이

베풀었다면 류사오치劉少奇(마오쩌둥의 뒤를 이은 중국 국가주석)의 운명은 달라졌을 것이다. 어떠한 이유로도 혁명 동지의 과오를 죽음과 숙청으로 다스리면 안 된다는 원칙을 세웠다면 비극의 문화혁명을 사전에 막았을지도 모른다. 하지만 안타깝게도 상당수의 엘리트는 이 정도의 선견지명을 가지고 있지 않다.

2. 속이기? 어렵지 않아요

슬프게도 우리는 이상적 시민상이 지향하는 덕성에 한참 미치지 못한다. 그렇게 독립적이지도 주체적이지도 않다. 그저 저마다 자유롭게 다수의 의견, 태도, 신념을 따른다. 게다가 자신의 이익을 버릴 만큼 정의롭지도 용감하지도 않다. 그렇다고 냉혈한처럼 사악하지도 악랄하지도 않다. 그냥 어중간하다. 이런 우리의 본성은 독재에 취약하다.

특히 가장 취약한 본성은 쉽게 믿는 순진성이다. 잠시 닭장 속 닭이 되어보자. 닭장에 들어간 첫날 내가 본 우락부락한 주인 농부의 첫인상은 그리 믿음직스럽지 못했다. 그런데 그가 나에게 맛난 모이를 한 움큼 건네는 게 아닌가! '나를 많이도 아끼는구나.' 순간 안도의 마음이 송송 올라온다. 그렇게 모이를 준 지 1년이 되었다. 닭은 농부가 늘 고마웠다. 그러던 어느 날 농부의 집에 귀한 손님이 찾아왔는지 온 주변이 시끌벅적했다. 그날도 농부는 닭장 문을 열고 들어왔다. 그리고 바로 닭의 모가지를 칼로 내리쳤다.[129]

닭의 어리석음을 비웃지 말라. 농부는 마지막까지 닭에게 모이를 주고 정성껏 돌봐주었다. 마찬가지로 독재 정권에서 출세한 엘리트도 독재자 덕분에 승승장구할 수 있었다.

한번 상상해보자. 주목받기를 좋아하는 국방위원장이 당신을 술자리에 초대했다. 국방위원장은 술을 권하고 손을 맞잡고 함박웃음을 짓는다. 당신은 혼란스럽다. 며칠 전 당신과 친분이 두터운 고위 인사 한 명이 총살당했다. 그런데 지금 그는 당신에게 너무나 다정하다. 사실 오늘까지 당신은 당 지도부의 핵심 요직에서 모두의 두려움과 부러움을 받았다. 어떻게 국방위원장의 오랜 호의가 한순간에 변할 수 있다고 상상할 수 있겠는가? 미워도 다시 한 번이고, '나는 아니겠지'라는 순진한 안도감이 든다.

그런데 한 달 뒤 국방위원장이 당신에게 혁명화 조치를 내렸다. 제복을 입은 건장한 청년들로부터 흠씬 매를 맞고 추운 국경 수용소로 보내졌다. 닭장 속 닭처럼 순진한 당신은 귀납적 추론의 치명적 오류를 범하고 말았다.

사랑받기 위해 태어난 만큼이나 우리는 믿기 위해 태어난 듯하다. 의심이 아니라 믿음이 우리 인식의 초기 설정이다. 쉽게 믿어버리는 확증 편향confirmation bias이다. 에너지를 보존하기 위한 최소 노력의 생물학적 법칙처럼 가능한 한 생각을 덜 하려는 본능의 결과다. 사고의 초기 값은 모른다는 중립이 아니라 참이라는 긍정이다. 그 편이 품이 적게 든다.[130]

우리가 품는 내면의 가설은 대부분 흐리멍덩해서 어디에도 잘 들어맞는다. 미래가 궁금한 이는 애매모호한 예측으로 가득 찬 노스트라다무스의 예언집을 읽고, 인간의 유형을 좀 안다고 자부하는 이는 혈액형으로 다른 이를 지적질한다. 예언의 문구나 혈액형 가설이나 애매모호한 건 마찬가지다. 코걸이도 되고 귀걸이도 된다.[131] 어떤 결과에 예언과 가설을 끼워 맞추기만 하면 된다. 만약 당신이 여러 사람의 행동을 관찰한 후 그들의 혈액형을 상당한 정도로 정확히 맞춘다면 우리는 당신의 혈액형 이론을 인정해야 한다. 단, 당신도 교수가 혈액형에 기초해서 학생의 발표 태도를 평가하는 것에 수긍해야 한다.

이러한 확증 편향은 정치에서 더욱 기승을 부린다. 정보가 넘쳐나는 민주주의에 살면서도 우리는 정치적 사건의 애매모호성에 몸서리를 친다. 애매모호함은 우리의 어중간한 정직성에 안성맞춤이다. 예를 들어, 포토샵 보정을 많이 한 탓에 도저히 그 사람이라고 생각되지 않는 프로필 사진이 있다고 해보자. 이 정도라면 차라리 원빈을 프로필 사진으로 올려놓고 자신이라 우기는 편이 낫지 않을까 싶다. 물론 우리의 흐린 정직성이 새빨간 거짓말까지 받아들이는 건 아니지만 말이다. 분명한 거짓을 거부할 만큼은 정직하다. 그렇지만 적당히 조작된 사실은 쉽게 받아들인다. "진실과 거짓을 적당히 섞을 때 설득하기 쉽다"는 괴벨스의 말이 떠오른다.

애매모호한 정치 현실은 비뚤어진 정파적 이해와 우리가 정직하고 바른 사람이라는 자존감을 양손에 쥘 수 있는 길을 열어준다. 양극화의 시대에 여기저기서 애매모호한 현실을 정의의 이름으로 포장하여 고성을 지른다. 합당한 결론을 위한 숙의가 아니라 이기기 위한 말싸움일 뿐이다.

2019년 5월 초 하노이회담 실패 이후 북한은 동해상으로 단거리 발사체를 발사했는데, 이를 두고 각 신문사의 논조가 각양각색이다. 대화를 재개하기 위한 북한의 몸부림이라는 우호적 평가에서부터 북한의 도발이라는 해석까지 극과 극이다.

확증 편향이 얼마나 강력한지 안다면, 핏빛 숙청 속에서 살아남았다고 안도하는 엘리트의 모습을 어리석다고 쉽게 말하지는 못할 것이다. 같은 파벌 내 동료들의 죽음을 직접 목격하면서도 이들은 '설마 나는 아니겠지' 하는 생각으로 스스로를 자위한다.

1950년대 북한 소설가 한설야는 곧 죽임을 당할 임화를 비롯해 오랜 문학 동료들을 비난하고 김일성을 열렬히 찬양했다. 살려달라는 임화의 절규를 애써 무시한 행동은 인간적으로 이해할 만하다. 그런데 여기서 한발 더 나아가 한설야는 "지고지순한 사랑이란 절대의 신뢰가 바탕이 되어야 하고, 신뢰에 대한 한 점의 미진함이 있다면 그것은 사랑이 아니다"라는 오글거리는 멘트를 주저 없이 날렸다. 하지만 그 역시 곧 다른 문인들과 함께 숙청되었다. '혹시나' 했던 생각은 '역시나'였을 뿐이다. 권력욕을 노골적으로 드러내는 독재자를 선제공격할 생각은 않고 가만히 있다가는 닭장 속 닭처럼 불시에 당하고 만다.[132]

모두가 독재자에게 절대복종하기로 조정하고 나면 무기력한 엘리트는 독재자의 호의를 곧이곧대로 믿어버린다. 독재자가 자기를 사랑한다는 희망 섞인 가설을 세우고 증거를 찾아 헤맨다. 어차피 그들은 마음의 지푸라기라도 잡고 싶은 심정이기에 이제 막 2인자의 숙청을 마친 1인자는 자신의 잔인성이 만천하에 드러났다고 걱정할 필요가 없다. 포커 게임의 노련한 도박꾼처럼 너무 보수적이지도 너무 막지르지도 않고 적절히 섞어버리면 엘리트는 확증 편향에서 벗어나지 못한다.

오늘 자신을 향해 독재자가 사려 깊은 눈빛을 보냈다면 사랑의 가설을 확증하기에 충분하다. 간헐적으로 숙청되어야 할 인물 중 몇몇을 품어주기만 하면 모두가 충성 경쟁에 뛰어든다. 대부분 빈털터리로 돌아가는 판돈이 큰 도박판에서 대박을 터뜨리기 위해 뛰어드는 도박꾼처럼 엘리트는 낮은 생존율과 출세율에 자신을 맡기는 불나방이 된다. 자신만은 독재자의 사랑을 받고 있다고 믿기 때문이다. 대부분 희망이 경험을 압도한 착각이다.

독재자의 암시는 출세욕에 눈먼 부하들을 움직이기에 충분하다. 다음은 셰익스피어 희곡의 한 토막이다.

엑스턴: "너에게는 저 살아 있는 위험인물을 제거해줄 친구가 하나도 없는가?" 하고 폐하께서 하신 말씀을 잘 들었겠지?

부하: 예, 바로 그렇게 말씀하셨습니다.

엑스턴: "그런 친구가 하나도 없는가?"라고 하셨지. 두 번이나 같은 말씀을 하셨어. 그리고 두 번 다 특별히 힘주어 말씀하셨지.

부하: 예, 그렇습니다.

엑스턴: 그리고 그 말씀을 하시면서 내 얼굴을 찬찬히 들여다보셨어. '이 위험인물을 자네가 제거해주었으면' 하시듯 나를 쳐다보셨어. 그 인물이란 폼프렛 성에 있는 왕을 말하는 거지. 자, 가자! 나는 폐하의 친구다. 내가 폐하의 위험인물을 없애버리겠어.

"암살의 암시는 아주 조심스럽게 반복되고, 거기에다 그 암시의 의미를 재빨리 파악할 법한 사람을 '찬찬히' 쳐다보는 눈빛이 가세하면 그걸로 충분히" 왕은 자신의 뜻을 이룰 수 있다. 헨리 4세는 폐위된 왕을 살해하고 그 시신을 가져온 엑스턴을 비난했다. "과인이 그의 죽음을 원하기는 했으나, 그 살인자를 미워하고 오히려 살해당한 자를 불쌍히 여기노라."[133] 왕은 이렇듯 남의 손을 빌려 살인을 하고 악행의 책임으로부터 허물만 남긴 뱀처럼 벗어난다.

셰익스피어의 희곡에서처럼 영화 〈남산의 부장들〉에서도 이와 비슷한 대사가 나온다. 현 중앙정보부장 김규평(이병헌 분)에게 대통령(이성민 분)은 전임 부장 박용각(곽도원 분)의 처리와 관련하여 질문한다. 김규평은 나직한 목소리로 온 신경을 집중해서 대통령에게 묻는다. "각하, 제가 어떻게 하길 원하십니까?" 대통령은 직접적인 답을 피하면서 이렇게 말한다. "임자 옆에는 내가 있잖아. 임자 하고 싶은 대로 해"라며 넌지시 암살을 종용하고 강한 신뢰를 표한다. 다시금 충성심을 불태운 그는 친구였던 전임자를 경호실 쪽보다 먼저 처리한다. 대통령의 재신임을 얻을 것으로 철석같이 믿었지만 친구도 죽인 놈이라고 혹평하는 대통령의 말을 엿듣고 김규평은 배신감에 치를 떤다. 대통령은 직접 암살을 지시하지 않았으니 책임은 온전히 김규평에게 있다는 식이다. 대통령이 '바담 풍'이라 일부러 잘못 발음해도 '바람 풍'으로 알아들어야 하는 아랫사람의 처신을 이용한 것이다.

그렇다면 독재자는 왜 이런 식으로 말할까? 사실 조금만 눈치가 있는 이들에게 독재자의 간접적 표현이 의미하는 바는 꽤나 분명하다. 그런데 독재자 주위에는 수많은 군상들이 있다. 심약한 자, 약삭빠른 자, 아둔한 자, 자포자기한 자, 충성스러운 자 등 다양하다. 에두른 표현은 이들이 각자 자신의 신념과 태도, 정파적 이해, 변덕스러운 기분 등에 맞추어 제각각 해석할 여지를 준다. 덕분에 다수 인민과 엘리트 사이에 공동지식이 생기는 것을 피할 수 있다. 노련한 외교관식 언사는 옹호하고 싶은 이들에게는 근거가 되고, 반대 세력은 답답하게 하고, 흔들리는 자들은 계속 흔들리도록 여지를 남겨둘 수 있다. 정치적 파장은 걱정하지 않아도 된다.

말보다 행동이라지만 독재정치에서는 행동보다도 말이 더욱 중요한 듯하다. 주위 동료를 한 명씩 죽일 때도 독재자는 자신의 잔인무도한 행위를 위대한 사상으로 포장한다. 이를 믿어주는 순진한 무리는 언제 어디에나 있기 때문이다. 그래서 독재자는 오리발을 내민다. 가장 순진한 몇 명만 넘어온다면 이들이 독재자를 위한 방패막이가 된다. 독재자에 대한 다수의 적극적인 동의는 필요 없다. 순진한 이들이 거짓 정보에 소음을 더해 엘리트들 사이에 형성되는 공동지식만 막으면 그걸로 충분하다. 그 결과 엘리트는 새로운 조정에 실패한다.

자기계발서에서 자주 회자되는 "너답게 행동해라be yourself"는 독재자에게 가장 위험한 조언이다. 독재자가 시시각각 자신이 느끼는 감정과 생각을 솔직하고 명명백백하게 표현하는 것은 자살 행위다. 대신 자신은 좋은 사람이라는 뻔뻔한 위선의 오리발을 끝까지 내밀어, 반드시 좋은 사람처럼 보여야 한다. 마키아벨리의 조언처럼 말이다.[134] 여기에 점잖게 말하고 애매모호한 표현으로 발뺌할 수 있는 여지를 남기면 금상첨화다.

사실 대부분의 사회적 행위(용감, 무모, 인색, 다정, 절제 등)가 근본적으로 애매모호하다. 이 때문에 같은 행위를 관찰하는 것만으로는 공동지식이 발생하지 않는다. 분명 몇몇은 주기적 숙청을 관찰하면서 1인자가 살벌한 야심을 가졌다고 판단할 것이다. 하지만 언제든 발뺌이 가능한 독재자의 반복된 언사 때문에 독재자에게 비판적인 인사는 다른 이들도 자신과 같은 생각인지 확인할 길이 없다.

그래서 소통을 금지하는 것이 독재정치에서 필수적이다. 날카로운 관찰자를 아무 말도 못하게 하면 그것으로 충분하다. 심지어 모두가 꿰뚫어보아도 소통이 없으면 바뀌는 것은 없다. 너와 나의 생각을 너도 알고 나도 알고 우리 모두 알고 있는 공동지식의 문턱을 넘지 못한다. 오히려 호시탐탐 배신의 유혹이 도사리고 있으니 누가 감히 진심을 발설할 엄두를 내겠는가. 누군가 군주에 대한 불만을 토로하면 곧바로 또 다른 누군가가 그 이야기를 군주에게 고해바칠 게 빤하기에 모두가 침묵한다.

어쩌면 상당수의 사람들이 실제로 '거사'가 벌어지기 전까지도 "저 볼품없는 자가, 저토록 어린 자가 어떻게?"라며 절대 지존의 야심을 믿기 힘들어 할지도 모른다. 셰익스피어 비극의 악명 높은 주인공인 리처드 3세에 곧 등극할 리처드 왕자의 최대 무기는 자신의 욕망이 "말도 안 되는 어불성설"이었다는 점이다.[135]

그렇다. 스탈린이 동료를 하나씩 숙청하는 걸 목격하면서도 레닌의 경쟁자들은 지루한 행정 일꾼 같은 볼품없는 한 수 아래의 동료가 절대 권력을 향해 가고 있다고는 상상하기 힘들었을 것이다. 그래서 독재자는 손바닥으로 하늘을 가릴 수 있다. 쉽게 속여도 속아 넘어가는, 이른바 하늘을 가리고 바다를 건너는《삼십육계》제1계인 만천과해瞞天過海가 가능하다.

3. 후흑厚黑
: 독재자의 처세술

후흑은 권력을 잡고 유지하기 위한 독재자의 처세를 표현한 말로, 표정이 드러나지 않는 얼굴을 뜻한다. 셰익스피어의 4대 비극 중 하나인《맥베스》에서 부인은 맥베스에게 이렇게 꾸짖는다. "당신의 얼굴은 책과 같아서 낯선 걸 읽을 수 있어요. 세상을 속이려면 세상처럼 보이세요." 또 다른 셰익스피어의 작품에서 폭군 리처드 3세는 자신의 뻔뻔스러운 위선을 자랑스럽게 혼자 되뇐다.

> 나는 웃으면서 사람을 죽일 수 있다. 내 마음을 아프게 하는 자에게 만족스럽다고 말할 수 있다. 그리고 내 얼굴을 거짓 눈물로 적실 수 있고, 상황에 따라 표정을 얼마든지 바꿀 수 있다.[136]

병불염사兵不厭詐(전쟁에서는 모든 방법으로 적군을 속여서라도 이겨야 한다)라는 말처럼 전쟁과도 같은 권력투쟁은 처음부터 끝까지 속임수다. 중국의 병서《삼십육계》에는 기만술로 가득하다. 드러내고 행하는 자연스러운 행동은 의심을 사지 않는다는 만천과해瞞天過海, 동쪽에서 소리치고 서쪽을 공격하는 성동격서聲東擊西, 적이 예상치 못한 길로 진격하는 암도진창暗渡陳倉, 웃음으로 공격의 의도를 위장하는 소리장도笑裏藏刀, 매미가 허물을 벗듯 겉모습을 유지하면서 도망가는 금선탈각金蟬脫殼 등 참으로 다양한 방법을 소개하고 있다. 그리고 성공한 독재자는 끊임없이 남을 속이는 낯 두꺼운 자다.

독재자의 기만술은 엘리트의 순진성과 정보의 불확실성으로 효과 만점이다.[137] 어떤 사실에 대해 모두가 아는 공동지식이 광범위하게 형성되기가 얼마나 어려운지 상기해보라. 예컨대 박헌영, 류사오치, 지노비예프 같은 저명인사의 협조가 필요한 느슨한 연합체의 집단독재는 아직 불평불만의 수군거림을 틀어막을 수 없다. 그렇지만 1인자는 크게 걱정할 필요가 없다. 반분파주의라는 미명하에 공개적으로 떠들 수 없다는 규정 정도만 있으면 충분하다. 귓속말은 목숨을 걸어야 하는 위험한 집단행동에 필수적인 단단한 공동지식을 만들어내지 못한다. 떠들지만 못하게 하면 된다.

독재정치 전반에 퍼져 있는 비밀스러움과 불투명성을 최대로 이용하는 제1의 방법은 제도를 바꾸는 게 아니라 사람을 교체하는 것이다. 야심가는 이제 1인자로 올라서서 개인독재화에 유리한 고지를 점령했지만, 그의 동료 명망가들은 권력 분점을 실천하는 집단독재를 내심 원하고 있다. 이 사실을 망각해선 안 된다. 이들이 뭉칠 수 있는 계기를 주어선 안 된다. 이를 위해 1인자는 당장 기존 조직을 없애고 새로운 조직을 만드는 대신, 기존 조직 안에 자기 사람을 집어넣는 전략을 구사해야 한다. 스탈린과 후세인이 대표적이다.[138]

제도냐 사람이냐는 단순한 기호의 문제가 아니다. 공동지식의 관점에서 이 두 선택은 판이하게 다르다. 제도 변경이 보내는 정보는 애매모호하지 않고 모두에게 동시에 전달되기에 1인자의 불순한 의도에 대한 공동지식이 쉽게 형성된다. 내가 보는 것이 다른 이와 크게 다르지 않고, 내가 보고 있는 것을 다른 이도 보고 있다고 확신한다. 다른 이들도 같은 생각이다. 공동지식이다. 따라서 제도를 변경할 경우 반대 세력의 도전이 용이해진다.

이와 달리, 주요 권력 조직 내 충성파를 심는 방식은 정보의 애매모호함 등으로 인해 1인자의 권력욕에 대한 광범위한 공동지식의 형성을 방해한다. 새로운 사람이 들어왔다는 사실을 모두가 동시에 알기 어렵고, 그가 1인자의 열렬한 충성파인지도 확실치 않은 노릇이다. 공개적이고 적극적인 소통이 없는 한 인적 구성 변화에 다수가 어떻게 판단하는지 확신하기 어렵다. 빵의 가격을 올리는 대신 나쁜 재료를 사용해 원가를 낮추는 방식이다. 공동지식은 없고 집단행동은 어렵다. 따라서 권력투쟁 초기에 아직까지 압도적 힘의 우위를 누리지 못한 1인자는 자신의 충성파를 조직 내에 몰래 심어놓음으로써 위험한 주목을 피할 수 있다.

지금부터는 대표적인 독재자(김일성, 마오쩌둥, 후세인, 스탈린을 중심으로)들이 어떻게 엘리트를 기만했는지 구체적으로 살펴보자.

개인독재로 가는 길에서 1인자가 속여야 할 핵심 대상은 자신의 연합 세력이다. 그런 점에서 김일성은 탁월했다. 자신의 권력욕에 대한 정보의 불확실성을 유지하기 위해 김일성은 인사 정책에서 상당히 조심했다. 1956년 4월 당대회 이전까지 파벌을 안배하는 김일성의 인사 정책은 혁명 정권 초기 마오쩌둥을 연상시킨다.[139]

정적의 숙청 역시 신중했다. 먼저, 가장 만만한 함경 지역 파벌의 수장 오기섭을 숙청하면서 다양한 파벌의 세와 반발을 타진했다. 한국전쟁 중 1950년 12월 당 중앙위원회 제3차 전원회의에서 연안파의 거두 무정과 빨치산 출신 엘리트 최광을 함께 해임하면서 김일성은 엘리트의 판단을 복잡하게 만들었다. 무엇보다 소련파를 다루는 김일성의 모습이 인상적이다. 소련파의 거두 허가이를 숙청한 이후 1953년 8월 소련파의 핵심인 박창옥과 박영빈을 박정애, 김일, 박금철 등과 함께 당 부위원장으로 선출하였다. 이 때문에 허가이 숙청이 그의 개인적 과오 때문이라는 김일성의 주장이 다른 엘리트들 눈에 꽤 설득력 있게 보였을 것이다.

특히 소련파의 핵심 박창옥과의 관계에서 김일성은 영악하고 뻔뻔스러운 처신으로 눈앞의 당사자마저 헷갈리게 만들었다. 마오쩌둥이 동북 지역의 수장 가오강을 다루듯 김일성은 소련파의 2인자 박창옥을 허망하게 만들었다. 허가이(소련파)를 숙청하는 와중에 박창옥(소련파)은 김일성을 열렬히 찬양하면서 김일성의 사적 호의를 등에 업고 승승장구했다. 사실 최용건(김일성파), 최창익(연안파), 정일룡(김일성에 충성하는 국내파) 등이 수차례 박창옥을 당 중앙위원회 정치위에서 몰아내고자 했다. 그런데 놀랍게도 김일성은 그를 보호해주었다. 1925년 지노비예프와 카메네프가 트로츠키의 제명을 요구했을 때 스탈린이 반대한 모습과 닮았다. 이후 부수상 겸 국가계획위원장으로 승진한 박창옥은 김일성이 자주 자신을 '모범'으로 칭찬했다고 회고한다.[140]

한편, 김일성의 계산된 변덕은 박창옥을 혼란스럽게 했다. 1955년 들어 김일성은 그를 공개 석상에서 비판하면서 사적 만남에서는 그의 변명을 이해하고 받아들이는 모양새를 반복했다. 이 때문인지 박창옥은 1956년 8월 종파사건(최창익·박창옥 등 '연안파'와 '소련파'가 김일성을 중심으로 한 지배 세력에 집단으로 도전한 사건)을 일으켜 김일성에 공개적으로 맞서기 몇 달 전까지도 "김일성이 곧 자신(박창옥)과 박영빈, 그리고 소련파들에 대한 비방이 정확하지 않다는 것을 알게 될 것"이라고 말했다. 이에 북한 전문가는 "김일성이 박창옥으로 하여금 그가 김일성에 의해 숙청당하면서도 김일성의 선의를 믿게 만드는 상황을 연출하는 데 성공"했다고 평한다.[141] 박창옥의 기대는 1956년 4월 제3차 당대회에 와서야 허망하게 무너졌다.

수령의 능수능란한 위장술 속에서 북한 엘리트는 스스로 자멸한 측면이 있다. 소련파, 연안파 등의 회고와 김일성의 공식 비판에서 소련파가 자신의 세력을 과신하고 '오만'하게 행동했음이 간접적으로 드러난다.

예를 들어 소련파 리문일의 회고에 따르면, 허가이는 연안파를 무시하고 간부 인사에서 이들을 차별했다고 한다. 이러한 앙금 때문이지 허가이 숙청 이후 빨치산파와 김일성에 충성하는 국내파가 소련파를 공격할 때 최창익, 김두봉, 림해 등 연안파 지도자들이 이에 가세했다.

반대 파벌 가운데 압도적 세가 등장하지 못하도록 한 김일성의 선제 조치도 반대 파벌을 정치적으로 무능력하게 만드는

데 한몫했다. 한국전쟁 직전 남로당파 주요 인사에 대한 비판과 숙청에서 소련파와 연안파는 김일성의 편에 섰다. 가장 위협적인 남로당파의 기세를 꺾어버림으로써 반대 파벌들 사이에 도토리 키 재기 경쟁과 불신감은 더욱 깊어졌을 것이다. 이는 1956년 소련 대사와의 대화에서 "남한 출신 박헌영과 리승엽을 나쁜 사람들이라며 인민의 적들"이라고 말한 연안파의 거두 최창익의 진술에서 엿볼 수 있다.[142]

마오쩌둥 사후 1981년 중국공산당은 마오 주석의 오만과 권력 남용은 오직 "점진적으로만 일어났고, 여기에 공산당 중앙위원회가 제대로 대응하지 못한 책임"이 있다고 공식적으로 반성했다. 마오가 천천히 비밀스럽게 독재 권력을 구축했다고 중국공산당 스스로 인정한 셈이다.

1940~1950년대 중국공산당 내에 존재한 강력한 다수의 파벌은 조직원이 누군지 알기조차 어려운 비밀 지하조직 중심의 러시아혁명과 달리 국민당과 오랜 내전을 벌인, 이른바 중국 혁명의 역사적 유산이었다. 이러한 정치적 제약으로 인해 마오는 (스탈린 혹은 김일성보다 더) 정보의 불확실성을 조장하고 천천히 움직일 필요가 있었다. 이를 반영하듯 1950년대 중반까지 마오는 규칙적으로 정치국 회의를 주재하면서 집단지도의 암묵적 규칙을 준수했다.[143]

소위 '옌안延安 체제'는 마오를 정점으로 여러 '산봉우리'로 불리던 파벌의 연합체를 일컫는다. 각각의 산봉우리가 공산당 내에서 과도하게 권력을 요구하지 않는 한 파벌의 이익 도모는 정당한 것으로까지 인정되었다. 1953년부터 '류사오치 타도' 연맹을 결성하는 등 파벌의 권한을 침해한 가오강의 숙청은 공산당 파벌의 기득권이 상당했음을 간접적으로 보여준다. 더욱 분명한 증거는 가오강과 펑더화이를 제외한 정치국원 모두가 1945년부터 1966년 문화혁명 직전까지 20년 동안 직을 그대로 유지한 사실이다. 선을 넘지 않는 이상 자신의 정치적 미래는 꽤 안정적이라고 중국 엘리트가 믿었을 가능성이 농후하다.

하지만 여전히 주요 파벌들은 공산당 집단독재의 공고화를 위해 선명한 공식 규칙을 마련하기보다는 마오의 호의를 잃지 않기 위해 조심했다. 오랜 2인자 류사오치도 예외는 아니었다.[144] 최고지도자의 강제적 은퇴 조항 등 집단독재의 공식 규칙은 공산당이 공격의 대상으로 전락한 문화혁명 10년의 대란에서 마오쩌둥에 호되게 당한 다음 그의 사후에야 분명히 제정되고 실천되었다.[145]

마오는 정보를 혼탁하게 만들어 자신의 독재 의지를 숨기는 데 탁월했다. 몇 가지 눈에 띄는 사례를 살펴보자. 1959년 8월 루산회의는 마오의 개인독재가 분명하게 표출된 역사적 사건이다. 그런데 이 회의가 있기 몇 달 전인 1959년 4월 제2기 전국인민대표대회에서 류사오치가 마오를 대신해서 국가주석에 올랐다. 그 때문에 루산회의에서 마오의 태도를 미리 예상하기는 어려웠을 터다.

정부 정책의 최후 결정권 소재 문제가 변경되는 과정에서도 혼탁한 정보를 확인할 수 있다. 최후 결정권이라는 권능이 마오에게 공식적으로 주어졌다가 취소되었다가 실질적으로 복원되는 변화를 보였다. 무엇보다 1950년대 마오가 일선에서 2선으로 한발 물러나고 류사오치, 덩샤오핑, 저우언라이, 천윈 등이 전면에서 주요 실무를 관장하는 1-2선 체제는 그의 독재 의지에 대한 판단을 혼란스럽게 했다.

공식 제도에서뿐만 아니라 엘리트 개개인을 다룰 때도 마오는 자신의 의도를 숨기는 데 탁월한 능력을 보였다. '가오강 사건'이 대표적이다. 개인적 만남에서 마오쩌둥과 가오강 사이에 무슨 말이 오갔는지는 알 수 없으나, 마오는 독재자 특유의 화법으로 분명한 의사 표현은 피했을 것이다. 류사오치에 대한 마오의 개인적 반감을 확인한 가오강은 공식 석상에서 류사오치를 비판했고, 마오는 이를 적극적으로 제지하지 않았다. 이에 자신감을 얻은 가오강의 선을 넘는 실수와 숙청에서 정보의 불투명성과 엘리트 사이의 이전투구를 조장하는 독재자 마오의 교묘한 술책을 확인할 수 있다.[146]

마오의 권력투쟁에서 류사오치가 보인 선택과 행동은 독재자의 의도에 대한 엘리트의 사전적 판단이 얼마나 어려운지를 잘 보여준다. 1943년 3월 정치국 확대회의에서 조직위원회 서기로 등극하면서 류사오치는 권력의 2인자이자 마오의 후계자로 부상했다. 사실 1942년 정풍운동(1942~1945년 중국공산당이 당원 일반을 대상으로 마르크스-레닌주의를 교육시키고 당내 기풍을 쇄신하기 위해 일으킨 운동)에서부터 류는 마오의 개인 우상화를 강하게 밀어붙인 인물이다. 김일성과의 애매모호한 관계 속에서도 김일성의 호의를 유지하기 위해 개인 우상화에 헌신한 박창옥을 연상시킨다. 하지만 류에 대한 마오의 표면적 지지와 후원은 곧 빛을 바랬다. 1인자는 능력 있고 인기마저 좋은 2인자를 매우 싫어한다. 1953년 류사오치의 구체적인 업무 영역이 사라졌고, 1954년 4월 당시 마오의 심복이던 덩샤오핑이 비서장과 조직부장에 임명되었다.

마오의 견제 속에서 류사오치는 그의 호의를 회복하기 위해 필사적으로 노력했다. 문화혁명의 전초전이라 할 수 있는 사회주의 교육운동(1963~1966년)에서 물질적 유인을 강조하던 이전과 달리 류는 사청운동四清運動(농촌 지역에서 집단주의를 회복하고 당내 부패와 관료 엘리트주의를 깨끗이 쓸어버리자는 운동)을 강력히 추진하면서 좌左로 선회했다. 하지만 마오의 마음을 돌리기에는 역부족이었다. 스탈린, 김일성, 후세인만큼이나 마오는 용서를 몰랐다. 대약진운동을 공개 비판한 류의 치명적 실수

는 돌이키기 어려웠다. 사회주의 교육운동은 결국 마오의 류에 대한 상세한 비판으로 마무리되었다.[147]

스탈린은 총서기장직이 지방당 서기장을 임명해 당 조직을 장악할 수 있는 지렛대임을 정확히 인식하고 있었다. 덕분에 1922년 초대 총서기장으로 취임한 스탈린은 2년여 만에 소련 공산당 중앙위원회를 통제할 수 있었다.

이런 와중에 당대회의 심의 기능이 후퇴하면서 당시 당 중앙위원회와 함께 중앙통제위원회Central Control Commission의 정치적 중요성이 크게 상승했다.[148] 총서기장이 임명한 다수의 젊은 인물로 구성된 중앙통제위원회는 분파주의를 막는다는 애매모호하고 포괄적인 임무를 수행했다. 이는 당의 숙청 기구가 스탈린의 손에 들어왔다는 걸 의미한다. 은밀하게 당 조직을 장악한 스탈린의 위력은 우여곡절 끝에 당원들에게 부분적으로 공개된 레닌의 유언장이 별다른 정치적 파장을 불러일으키지 못한 데서 확인할 수 있다.

스탈린 역시 속임수에 참으로 능수능란했다. 스탈린은 1925년 1월 트로츠키를 정치국에서 해임하자는 지노비예프의 제안을 당시 국정을 운영하던 7인방과 함께 거부하면서 집단독재의 외양을 유지한다는 인상을 동료들에게 심어주었다.[149] 스탈린은 1924년과 1927년 두 차례 총서기장직에서 물러나겠다는 사직서를 제출하는 식으로 개인독재의 야심을 숨기는 동시에, 다른 동료의 세력과 의도를 타진하기도 했다. 레닌마저 힘들어했던 지노비예프, 카메네프 등을 정치적으로 거세한 뒤에도 스탈린은 여전히 조심스럽게 움직였다. 한꺼번에 정치국 동료들을 처리하는 대신 "은밀히 교란에 의한 게릴라전"으로 부하린을 비롯한 나머지 우파들을 하나씩 처리했다.

스탈린은 "오로지 적에게만 무자비한 당 공동체의 충성스러운 일원으로 자기 스스로를 포장했다. …그의 희생자들이 너무 늦은 시점에서야 후회하게 만드는 것, 이 점이 스탈린의 천재성이었다"라고 스탈린 연구 권위자는 평가한다.[150] "트로츠키와 처음부터 강한 연대를 구축했어야 했다"는 지노비예프의 때늦은 후회는 정말이지 너무 늦었다.

김일성을 낙점한 스탈린, 스탈린에게 총서기장을 맡긴 레닌처럼 젊은 후세인은 바트당의 지도자 아흐마드 하산 알 바크르Ahmed Hassan al-Bakr 대통령의 후원을 등에 업고 있었다. 그리고 김일성, 스탈린처럼 후세인은 행운을 최대로 활용할 줄 알았다. 1968년 7월 쿠데타부터 1979년 대통령 취임 직전까지 후세인은 권력투쟁에서 혼탁한 정보가 야심가에게 얼마나 도움이 되는지 본능적으로 알고 있었다.

그의 음흉한 성향을 보여주는 상징이 바로 그의 별칭, 2인자

(Mr. Deputy)다. 1968년 쿠데타 당시 탱크에 올라타 대통령궁으로 직접 진격한 그였지만 후세인은 정부 내에서 아무런 직책도 부여받지 못했다. 후세인은 스스로 정부의 공식 직책을 거부했다고 나중에 회고한다. 쿠데타 이후 보여준 그의 조심스러운 행적에 비추어볼 때 사실일 가능성이 농후하다. 심지어 바트당 혁명사령부평의회 부의장직도 후세인의 요청으로 1년 뒤에나 공표되었다. 그의 친구이자 바트당의 유일한 젊은 경쟁자인 시클리Shikhly가 숙청되기 전까지 주위 사람들은 그를 대통령의 양아들이자 심부름꾼 정도로만 여겼다. 그도 이에 걸맞게 처신했다.

후세인은 조그마한 사무실에 비서도 두지 않고, 복도를 서성거리며 장관들이 시간을 내어주기를 기다리곤 했다. 그는 다리 사이를 기어가는 과하지욕跨下之辱을 참으면서 은밀하게 자신의 권력을 축적했다. 후세인의 가족, 친척, 고향 출신자가 정부 요직에 차고 넘치자 1976년 이라크 정부는 공무원이 자신의 부족명이 드러나는 이름을 사용할 경우 처벌하는 법까지 제정했다. 심지어 이제 대통령 즉위만이 남은 1978년에도 자신을 여전히 2인자로 부르도록 부하들에게 엄격히 명령했을 정도다.

후세인의 음흉함에는 흥미로운 규칙성이 있다. 유력 인사를 추방하면서도 그들과 포옹하거나 식사하는 등의 연출된 사진이 신문에 크게 실리도록 한 것이다. 이는 그들의 지지자가 숙청의 배후에 자신이 있다는 사실을 쉽게 알아차리지 못하게 하려는 의도가 내포되어 있다.[151]

후세인은 스탈린만큼이나 조용한 인사로 커다란 성공을 거두었다. 1968년 쿠데타 전부터 이라크 바트당의 비밀경찰을 직접 조직하고, 이 조직에 자신의 충성파를 대거 충원했다. 바트당과 뿌리가 다른 의심스러운 군부를 일거에 숙청하자는 제안을 뿌리치고 대신 군·당·정 요직에 속속 그의 충성파를 심었다. 1973년 자신의 충견이던 비밀경찰 수장이 배신하는 우여곡절을 겪긴 했지만 1977년 후세인은 바트당 혁명명령위원회 구성원 절대다수를 자신의 충성파로 교체하는 데 성공했다. 공개적이고 전면적인 대결과 숙청이 아닌 조심스러운 음모가 빛을 발하기 직전이었다.

소련과 중국, 북한의 엘리트들처럼 후세인의 권력투쟁에서도 그의 맞수들의 오만과 판단 착오를 쉽게 찾아볼 수 있다. 바트당의 명망가들은 레닌의 동료들처럼 후세인의 권력 기반이 얼마나 막강한지 모르고 느긋하게 자신의 지위를 향유하면서 이따금 후세인을 모욕하곤 했다. 후세인의 후원자인 바크르 대통령 역시 자기보다 스무 살 이상 어린 후세인의 야욕과 위험성을 과소평가했다. 이들의 착각은 후세인의 여우 같은 절제된 처세에 기인한 면이 크다. 이들은 모두 차례차례 후세인

에 의해 숙청, 암살되었다.[152]

후흑에 통달하여 개인독재에 성공한 김일성, 마오쩌둥, 스탈린, 후세인 등과 달리 스탈린의 후임자 흐루쇼프는 사람이 아니라 제도를 변경하여 자신의 권력을 구축하려는 커다란 실책을 범했다. 앞서 성공한 독재자는 공식 제도가 아니라 사람을 교체하는 식으로 독재 권력을 축적했고, 권력투쟁이 마무리되는 시점에서야 주석 직을 신설하는 등 공식 제도 변경에는 상당히 신중했다. 하지만 전임 독재자의 지혜(?)를 뒤로하고 흐루쇼프는 지방경제협의체sovnarkhoze 창설 이후 수차례에 걸친 행정 개혁으로 자신의 핵심 기반인 지방당 엘리트의 지지마저 스스로 날려버렸다.[153] 어쩌면 무자비한 국가 폭력이 금지된 상황에서 독재 권력을 구축하기 위한 어쩔 수 없는 선택이었는지도 모르겠다.

스탈린 사후의 소련 정치 상황을 살펴보면 근본적으로 독재의 술책을 제한하고 있다. 첫째, 무자비하고 일상적인 숙청에 지친 소련 엘리트는 국가 폭력의 제한에 합의하고, 악명 높은 내무인민위원회NKVD를 둘로 나누어버렸다. 정치적 도전을 폭력에 의거하여 해결하기 어려워진 상황 덕분에 소련 엘리트는 큰 두려움 없이 1960년대 초 흐루쇼프에 반대하는 진영으로 속속 집결했다.

둘째, 1950년대 중반 흐루쇼프가 강력하게 주도한 '스탈린 격하운동'(스탈린이 죽은 이후 그의 잘못을 공개적으로 비판한 정책) 덕에 공산당 내 개인 우상화가 금지되었다. 무자비한 국가 폭력과 개인 우상화가 제거된 상태에서 소련공산당 엘리트는 더 이상 총서기장의 충성스런 신하가 아니었다.

셋째, 1957년 반당反黨 위기를 겪으면서 총서기장에 어떻게 저항해야 하는가에 대한 엘리트의 공동지식이 분명히 자리 잡았다. 집단독재의 핵심은 명명백백한 의사결정 규칙의 유무다. 그것이 조선시대의 어전회의일 수도, 영국의 의회일 수도, 주기적인 선거일 수도 있다. 1957년 권력투쟁이 중앙위원회의 집합적 결정으로 마무리되면서 소련 엘리트는 총서기장의 선임과 해임에 대한 규칙을 분명히 인식하게 되었다.[154] 그리하여 흐루쇼프의 자의적 제도 변경에 피해를 입은 많은 당·정·군 인사들은 1964년 중앙위원회에 모여 절대다수의 찬성으로 총서기장을 해임했다.

우리에게 실패자로 익숙한 인물은 후삼국의 궁예다. 초기 궁예는 인자하고 대범한 모습으로 추종자들을 끌어모으는 데 성공했다. 하지만 어찌된 영문인지, 강력한 맞수 후백제의 견훤과 무력 투쟁이 한창인 와중에 범하지 말아야 할 실수를 연속해서 저질렀다. 특히 관심법으로 신하의 마음을 마음대로 규정하고 철퇴를 내려 무차별적으로 죽였다. 모두가 미쳤다고 믿을 정도로 백성들에게도 악행을 스스럼없이 저질렀다. 철퇴 궁예에 모두가 불안해졌다. 너무나 성급하게 스스로를 미륵이라고 칭하면서 개인 우상화의 도 역시 선을 넘고 말았다.

만약 이 모든 악행과 자기기만이 후삼국을 통일한 뒤에 벌어졌다면 왕좌를 무너뜨리는 중대 실책으로 번지지는 않았을 것이다. 게다가 모두가 불안한 와중에 대신과 장군들의 존경을 크게 받고 있던 2인자 왕건을 살려두는 중대한 실책까지 더해졌다. 폭정에 지친 이들은 왕건으로 세력을 뭉쳐 힘들이지 않고 궁예를 몰아냈다. 며칠 뒤 궁예가 보리 이삭을 훔쳐 먹다가 농부의 손에 맞아 죽었다고 전해지는 이야기는, 하수구에 숨어 있다가 동네 청년의 총에 죽은 중동 리비아의 카다피를 연상시킨다.

그러나 개인독재가 완성되는 마지막 순간은 은밀할 수가 없다. 마치 살라미 소시지처럼 시나브로 야금야금 다 먹어치운 상황이다. 최고 권력기구 내에서 1인자의 심복이 차지하는 비율이 모두에게 명명백백해지는 순간, 개인독재의 의지는 모두가 알고 있는 공동지식으로 바뀐다. 흙탕물이 가라앉고 정보는 더 이상 혼탁하지 않다.

그런데 문제는 엘리트가 심판(처벌)할 능력을 잃어버렸다는 점이다. 주기적 숙청으로 손발이 잘린 맞수들의 집단 반발은 허무하게 끝나버리기 일쑤다. 1956년 4월 당대회 결과, 김일성은 빨치산파의 '과도한 중용'을 더 이상 숨길 수 없었다. 김일성파의 공공연한 독재에 반대하는 소련파와 연안파가 함께 일으킨 8월 종파사건은 그들의 기대와 달리 숙청, 도피, 추방으로 허무하게 끝이 났다.

국가 공무원이 자신이 속한 부족명을 드러내는(후세인의 고향인 티크리트 지역 출신임을 알려주는) 이름을 사용하지 못하게 해야 할 정도로 후세인의 추종 세력이 커진 다음에야 이라크 바트당의 명망가들 다수가 후세인을 몰아낼 준비에 착수했다. 시리아와의 통합을 명분으로 공격을 준비했지만, 후세인의 반격으로 수포로 돌아가고 바크르 대통령은 건강상의 이유로 대통령직에서 순순히 내려왔다. 이제 후세인은 더 이상 조심할 필요가 없어졌다.

대통령에 취임한 직후 후세인은 혁명사령부평의회 비서 무히 압델 후세인Muhyi Abdel-Hussein을 중심으로 한 반항의 기운을 포착하고, 1979년 7월 22일 악명 높은 바트당 지도자 회의를 급하게 소집했다. 후세인의 명령으로 녹화, 배포된 이날의 영상에는 수많은 당 간부들이 허름한 회의장에 꽉 들어찬 모습이 담겼다. 곧바로 반역 모의가 발각되었다는 발표에 눈치 빠른 이들이 자리에서 벌떡 일어나 즉흥 충성 맹세를 했다. 여기까지만 보면 우스꽝스럽다. 하지만 이름이 불린 자들은 창백한 표정과 초점 잃은 눈빛으로 비좁은 회의장을 빠져나갔다. 이들 대다수는 나중에 동료의 손에 총살되었다.

후세인은 무대 위 한쪽에 마련된 자리에 편히 앉아 시가 연기를 뿜으며 이 모든 소동을 관전하고 있었다.[155] 이제 독재자는 더 이상 속일 수도 속일 필요도 없어졌다. 대숙청이다.

4. 전국의 극장화,
전 인민의 배우 및 관객화

지배와 피지배는 보여주고 보는 관계다. 선물처럼 말이다. 선물은 볼 수 있어야 한다. 예를 들어, 립스틱은 남자가 여자 친구에게 주기 좋은 선물이다. 텀블러나 넥타이는 졸업생이 은사에게 하는 선물로 인기가 높다. 두 가지 이유로 이들 품목은 훌륭하다.

첫째, 선물을 받는 사람들은 대체로 그 선물의 절대 가격이 아닌 상대 가격을 따지는 습관이 있다. 행동경제학에서는 이를 많은 칸막이로 나누어진 마음의 심리계좌mental accounting가 부리는 농간으로 설명한다. 비교는 보통 한정적으로 이루어진다. 우리는 조그만 행운을 누린 옆자리 동료에게 질투를 느끼지, 슈퍼스타에게 배 아파하지 않는다. 최고의 립스틱, 최고의 텀블러는 웬만한 옷 가격에는 미치지 못하지만 받는 이는 호

못해한다. 그저 기쁘다. 자기가 받은 최고의 립스틱을 다른 립스틱하고만 비교하기 때문이다.

둘째, 관찰 가능성이다. 넥타이는 유행을 타지만 양말은 그렇지 않다. 넥타이는 눈에 띄지만 양말은 잘 보이지 않는다. 보이지 않는 선물은 다른 사람에게 자랑할 기회를 주지 않는다. 지하철에서 꺼낸 세련된 디자인의 최고급 립스틱, 회의실에 들고 들어가는 폼 나는 텀블러는 왠지 모르게 어깨를 으쓱하게 한다.

권력의 원천은 한곳으로 힘을 모으는 조정에 있고, 조정은 관찰 가능성을 전제로 한다. 인간의 내면은 관찰이 어렵다. 알 수 없거나 자주 오해를 불러일으킨다. 그래서 같은 마음을 가진 사람들을 모으고 싶으면 다양한 수단과 방법으로 자신의 태도와 신념을 관찰 가능하게 만들어야 한다.

피노체트에 반대한 칠레 시민들은 거리에서 천천히 걷고 느리게 차를 몰았다. 내전이 발발하기 전 시리아 아사드를 반대한 비폭력주의자들은 밤에 몰래 마을 내 공동 우물에 형형색색의 곡식 가루를 뿌렸다. 벨라루스의 시민들은 공원 벤치에 앉아 일제히 핸드폰 알람을 켜놓고 길에서 박수를 치다 잡혀갔다. 또 홍콩 시민들은 비도 오지 않는 날에 우산을 들고 나와 시위를 벌였다. 그리하여 사적 신념을 공적인 행위와 상징물로 나타내어 우리가 다수임을 모두가 알 수 있도록 했다.[156]

관찰 가능한 소통이 없으면 조정도 이루어지지 않고, 광범위하게 조성된 불만과 반대 역시 정치적 폭발력을 발휘하지 못한다. 정당성의 상실이 독재의 위기로 번지지 않는 이유다.

엘리트 충성심의 배열

엘리트	A	B	C	D	E	F	G	H	I	J
문턱값	1	1	2	2	2	2	3	4	8	9

위의 표는 심지 없는 시한폭탄 같은 상황을 보여주고 있다. 독재자에 대한 엘리트의 불만이 폭발 직전이지만, '나 아닌' 누군가가 앞장서주기만을 모두가 바라고 있다.

표에서 알파벳으로 표현된 10명의 엘리트는 독재자로부터 주요한 권한을 위임받은 공산당 정치국원이고, 표의 문턱값은 각자가 공개적으로 독재자에 반대하기 위해 필요한 최소한의 엘리트 동료들 숫자다. 문턱값은 순응과 위선적 충성에서 공개적 반대로 넘어가는 임계점으로 이해하면 된다.[157]

전반적으로 문턱값이 매우 낮다는 걸 알 수 있다. 정치국원의 80%에 달하는 엘리트(A-H)가 독재자에게 상당한 불만을 품고 있지만 겉모습은 사뭇 다르다. 서로 경쟁적으로 용비어천가를 부르고 독재자가 부어주는 위스키를 황송한 마음으로

들이켠다.

동료 엘리트가 독재자의 비위를 맞춰주는 모습을 바라보면서, 그는 몇 달간 노동 교화소를 다녀온 동료가 '독재자를 그렇게 증오하지는 않았구나!' 하며 속으로 놀란다. 덩달아 그도 충성 경쟁에 뛰어들어 감동받은 눈빛으로 낯간지러운 미사여구를 늘어놓는다. 반대편에서 이를 바라보던 술 취한 엘리트가 '저런 얼빠진 인간'이라며 속으로 나무란다. 속마음과 정반대인 위선적 행위가 만들어내는 우습고 슬픈 장면이다. 불만과 반감은 크게 과소평가된다. 반란은 없다.[158]

북한에서 공개적으로 다리를 꼬고 앉거나 회의에서 고개를 떨구고 졸면 사형감이다. 북한 당국이 공개한 장성택의 죄목 중 하나가 건성으로 박수치고 삐딱한 자세로 앉은 불경죄다. 수령의 입장에서 보면 죽을죄가 맞다. 주위 엘리트가 그의 건방진 태도를 주시하고 있다. 이는 위험한 소통이다. 〈태조 왕건〉이라는 드라마에서 궁예가 "누구인가? 지금 누가 기침 소리를 내었어? 누가 기침 소리를 내었는가 말이다"라고 겁박하듯 묻는 장면에서 풍기는 공포와 황당함이 북한의 회의장을 감싸고 있다.

북한은 마약 범죄 다루듯이 공개적 의사 표현을 철저히 봉쇄한다. 마약은 단순히 소지하고 운반하는 것만으로도 엄청난 처벌이 가해진다.[159] 세르비아의 어느 민주 투사가 북한에서도 칠레처럼 차를 천천히 몰아 정치적 반대 의사를 표현해보라고 조언한다. 하지만 북한에서는 차를 천천히 몰 수 없다. 화장실에서 사소한 불만을 표현하는 낙서만 해도 끌려가는 사회가 북한이기 때문이다. 소설《1984》의 표정죄처럼 말이다.

> 그녀가 자기를 얼마나 오랫동안 감시했는지 알 수는 없지만… 그동안 자기 얼굴 표정을 완벽하게 위장하지 못했을 가능성이 있었다. 사람들이 모이는 장소나… 공상에 잠기는 일은 극히 위험하다. 안면 경련이라든가 무의식적으로 근심하는 얼굴이라든가 혼자 중얼거리는 습관 등은… 그것으로 끝장이 나는 것이다.[160]

표정죄의 처벌은 마키아벨리의《군주론》에 나오는 조언을 따르고 있다.

> 이와 관련하여 여기서 염두에 두어야 할 것은 인간들이란 다정하게 대해주거나 아니면 아주 짓밟아 뭉개버려야 한다는 것이다. 왜냐하면 인간이란 사소한 피해에 대해서는 보복하려고 들지만, 엄청난 피해에 대해서는 감히 복수할 엄두조차 내지 못하기 때문이다. 따라서 사람들에게 피해를 입히려면 그들의 복수를 두려워할 필요가 없을 정도로 아예 크게 해주어야 한다.[161]

억압과 반항의 포물선

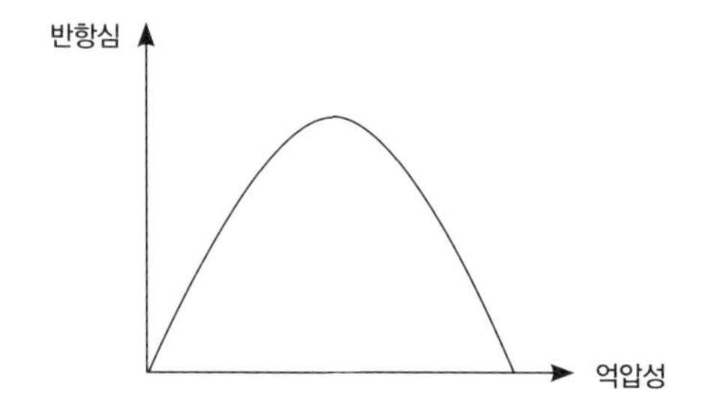

그런데 완전한 지배는 침묵을 강요하는 것에 머물러선 안 된다. 절대 권력은 떠들어야 하고 떠들도록 해야 한다. 절대 권력을 지키는 수비의 핵심은 다수가 다른 생각을 함께 품을 수 없도록 공적 소통 공간을 독재자가 완전히 독점하는 것이다.

자연이 진공을, 권력이 공백을 허용하지 않듯, 마음은 공허를 허용하지 않는다. 마음은 비울 수 있는 게 아니다. 사랑이 사랑으로 잊히듯 독재자는 사람들의 머릿속을 시끄러운 선전 선동으로 채워 다른 생각을 밀어내버려야 한다. 절대 권력의 공동지식을 무한 반복하는 스피커는 대안의 공동지식이 비집고 들어올 여유를 주지 않는다.

이를 가장 잘 수행하는 나라가 바로 북한이다. 무수한 공연 예술, 집회, 거대한 조형물 등에 대한 수령의 집착은 자기애와 과대망상에 따른 이상행동과는 거리가 멀다. 누가 이 나라의 주인인지, 누가 너희들의 상전인지를 끊임없이 일깨워주려는 정치적 계산이다. 이로써 우리는 수령제의 근간이 정책이 아니라 선전임을 알 수 있다. 훌륭한 업적이 아닌 전全 국가의 극장화로 공동지식의 장을 독점하여 북한은 수령제를 유지할 수 있는 것이다.

최소 30만~40만 명이 굶어 죽은 고난의 행군 시절, 화려하게 개조한 금수산태양궁전이 모든 걸 말해준다. 거대한 건축물은 권력의 공개성과 가시성의 중요한 도구다. 거대한 건축물을 바라보면서 권력이 어디서 나오는지, 그 권력이 얼마나 막강한지 모두가 알고 있다고 모두가 믿는다. 건축은 인민의 불행에 둔감한 권력자의 사치스러운 소일거리가 아니라 권력 그 자체다. 북한 젊은이들이 선호하는 전공이 건축이라는 사실이 충분히 이해가 되는 대목이다.[162]

거대한 조형물만큼이나 북한의 수령은 압도적 규모의 의례와 집회를 좋아한다. 배우이자 동시에 관객인 엘리트와 주민들이 '극장'[163]에서 함께 부르는 용비어천가 덕분에 다수가 지배자에게 충성하고 있다는 믿음이 유지된다. 한 편의 코미디로 치부하기에는 정치적 효과가 상당하다. 동의하거나 설득당하지는 않겠지만 다수가 충성하고 있다는, 최소한 독재자를 지독히 혐오하고 있지는 않다는 오해를 갖게 된 배우이자 관객은 동조, 묵종한다. 서로가 서로의 오해를 강화한다. 새로운

공동지식은 없다. 현상이 바뀌는 일도 없다.[164]

군중집회가 만드는 여론의 오해는 두 가지 인지적 편향 때문이다. 먼저, 인식의 최초 출발선이 최종 판단에 큰 영향을 미치는 정박효과anchoring effect다.[165] 뻔뻔하게 오리발을 내밀어야 하는 이유다. 과장임을 알지만 관찰자는 용비어천가를 목 놓아 부르는 관찰 대상자의 내면의 태도를 충분히 아래로 끌어내리지 못한다. 동료가 아첨꾼이긴 하지만 경외심이 상당하다고 결론 내린다.

두 번째는 근본귀인오류fundamental attribution error다. 이는 자신의 (나쁜) 행위는 상황적 맥락으로 설명하면서 다른 이의 행위는 그의 내면적 태도로 원인을 돌리려는 차별적 습관을 말한다. 근본적으로 우리의 두 눈이 자신이 아니라 타인을 향하고 있는 생물학적 제약에서 비롯된 인지적 비대칭성이다. 폭압의 어두운 그늘을 충분히 고려하지 못하고 공개적 충성 맹세가 관찰 대상자의 내면적 기질과 태도에 따른 것으로 여긴다. 결국 충성과 지지는 크게 과장된다.

용비어천가 내용의 핵심은 독재자의 무오류성과 완전성이다. 개인 우상화다. 개인의 위대성이 당, 군, 혁명위원회 등을 압도한다는 선전이다. 집단독재의 기틀을 파괴하는 강력한 무기다. 개인독재를 꿈꾸는 지배자는 권력투쟁의 시작부터 개인 우상화를 한시도 늦추지 않는다. 단, 그 수위를 조금씩 올려 엘리트의 집단 반발을 피할 뿐이다. 갑자기 자신을 미륵이라 부르는 얼토당토않은 신격화의 실수만 범하지 않으면 된다.

여기서 잠깐 북한의 개인 우상화 초기 역사를 살펴보자. 북한 연구에 따르면, 김일성이 수령으로 본격적으로 호칭되기 시작한 것은 1966년 10월 제2차 당대표자회의 이후이며, 개인숭배도 이때 본격적으로 시작되었다고 주로 평가한다. 그렇지만 북한 전문가는 "비교적 점진적·비공식적으로 통제된 상황"에서 1966년 이후 "전면적이고 공개적이며 통제가 불가능한 자가 동력을 가진 사회적 조건 그 자체"로 김일성의 개인숭배가 바뀌었다고 보다 세밀히 관찰하고 있다.[166]

초기 개인 우상화의 결정적 증거는 1952년 12월 당 중앙위 제5차 전원회의 이후 당 중앙위 내에 사회과학부를 설치한 사실이다. 사회과학부의 목적은 "조선 인민의 민족해방투쟁사와 경애하는 수령 김일성 동지의 항일무장투쟁의 역사를 이론적으로 천명하며, 해방 후 우리 당이 걸어온 영광스러운 길을 이론적으로 총화하여 이를 인민 대중 속에 광범히 전파한다"고 규정하고 있다.

1960년 한설야가 《수령님을 따라 배우자》라는 책을 출판하기 훨씬 이전인 1946년 9월 19일자 〈로동신문〉에 기고한 '조선의 해방과 인민위원회의 결성'이라는 글에서 최용달이 김일성을 수령으로 표현했다. 1950년의 북한 출판물에서도 김일성을 수령으로 표현하고 있다. 1952년 4월 15일 박헌영은 부수상 명의의 축시에서 "조선 인민의 절세의 애국자이며 경애하는 지도자" 등으로 김일성 개인을 찬양했다. 1940년대 마오의 개인 우상화 선봉에 섰던 2인자 류사오치의 모습을 연상시킨다. 목격담에 따르면, 1952년 12월 김일성의 보고 뒤 "전원이 총 기립하여 김일성 동지 만세와 더불어 우리의 경애하는 수령 김일성 동지에게 영광이 있으라"는 함성이 장내에 울려 퍼졌다고 전한다.[167]

여기서 1952년의 북한 정치는 아직까지 김일성의 유일 지도체제와 거리가 있는 시기임을 상기할 필요가 있다. 역사적 시점들을 종합해볼 때 북한에서 개인 우상화는 권력투쟁의 결과를 알리는 신호 이상으로 권력투쟁의 무기임을 확인할 수 있다.[168] 권력투쟁 초기부터 시도된 김일성의 점진적 개인 우상화는 레닌의 장례식을 틈타 러시아 정교 형식으로 개인 우상화를 도입한 스탈린을 닮았다.

여기에 수령의 연기력까지 더해지면 개인 우상화가 어렵지 않게 진행될 수 있다. 수령을 지근거리에 보좌하는 권부의 핵심인 평양 3층 서기실에는 군사·경제 분야의 전문 일꾼과 함께 오스트리아 등에서 작곡을 전공한 전문가들이 함께 일한다. 문자 그대로 모든 분야에서 탁월성을 발휘하는 수령을 보필하기 위해서다. 이들은 군악대와 합창대의 현지 지도에 앞서 수령의 멘트를 준비한다. 그러면 모두가 수령의 촌철살인에 탄복한다.[169] 사실 이들은 처음부터 막무가내로 탄복할 준비가 되어 있다. 그리고 모두들 받아쓰기에 바빠 더 이상의 후속 질문도 없다.

마치 한 편의 연극 같다. 모두가 극장에 모여 용비어천가를 부르고 독재자의 위대성과 무오류성을 찬양하며 새로운 공동지식이 생길 수 없도록 작은 빈 공간도 허용하지 않는다. 모두가 속으로 독재자를 경멸하지만 서로가 서로를 오해하고 있다. 변하는 건 없다. 이렇게 가신과 인민의 경멸 속에서 독재자는 조용히 그리고 편안하게 생을 마감한다.

'국가 2025'

: 일그러진 개인독재

Principle of Dictatorship

조지 오웰이 《1984》에서 표현한 절정의 독재는 빅브라더를 정점에 두고 서로가 서로의 행동과 내면의 사고를 감시하고 고발하는 것이다. 원자화된 전체주의다.[170] 하지만 오늘날 지구상에서 이 같은 독재는 찾아보기 어렵다.

이제부터는 《1984》의 전체주의가 주변 세상의 진보를 버티고 견디면서 기괴하게 변모한 사회를 '국가 2025'로 상정하고, 지금까지 논의한 독재의 법칙을 종합하여 '국가 2025'를 팩션faction으로 그려보자.

국가 2025의 개인독재는 이중적이다. 엘리트는 속으로 폭군을 욕하면서 몰래몰래 다도해처럼 소규모 파벌을 만든다. 그렇지만 독재자 앞에서는 과장스러울 만큼 종종걸음을 치고 머리를 조아린다. 소수의 오랜 지인 말고는 누구와도 독재자 빅브라더의 뒷담화를 나누지 않는다. 엘리트 간부는 빅브라더의 미래는 믿지만 자신과 가족의 미래는 심히 걱정스럽다.

정신교육을 담당하는 사상부는 주민들을 꾸준히 수용소로 보내고 있다. 다행히 예전보다 수감 인원의 수는 많이 줄었다. 국가 2025의 아이들은 더 이상 남의 집 대문 혹은 부모의 방문에 청진기를 대고 몰래 엿듣는 사악한 장난질은 하지 않는다. 하지만 여전히 사소한 정치적 잘못이 발각되면 목숨이 위태롭다. 국가의 처벌은 확실하고 잔인하다. 어느 누구도 운에 몸을 맡기고 무모하게 행동할 엄두를 내지 못한다.

거리 곳곳에는 '인민 중심의 정의와 공정'이라는 깃발이 나부끼지만 부패가 일상이다. 간부들은 직접 시민들의 주머니를 털거나 부유한 무역상의 뒤를 봐주면서 자신들의 사리사욕을 채우기에 바쁘다. 무자비한 국가 폭력의 절대적인 개인독재가 지배에는 성공하지만 통치에는 실패한 일그러진 모습, 이것이 '국가 2025'다.

몇 해 전 사망한 아버지 독재자를 세습한 젊은 빅브라더는 통치governance에는 무능하나 지배rule에는 어느덧 노련해졌다. 눈빛과 표정에서 또래 청년의 순진함은 사라진 지 오래다. 최근 몇몇 거물의 공개 처형은 모두에게 그의 절대 권력을 분명히 입증했다. 늙은 엘리트들은 아들뻘인 빅브라더의 가신으로, 그의 은사에 전적으로 자신의 운명을 의탁하고 있다. 엘리트는 빅브라더의 자주自主보다 이웃 대국의 개입을 원하지만 아무도 이런 의견을 내지 않는다. 이제 더 이상 절대다수의 시민이 빅브라더를 열렬히 추앙한다고 생각하지 않는다. 아무도 그가 제시하는 허무맹랑한 장밋빛 미래를 믿지 않는다.

'삼년상에 효자 없다'는 속담처럼 어떠한 미사여구로도 포장할 수 없을 만큼 너무나 오랫동안 극심한 가난에 시달렸다. 이제 보잘것없는 밀빵, 담배, 면도기, 사이즈가 하나뿐인 여성 속내의 배급마저 끊겼지만, 여전히 사람들은 광장에 모여 용비어천가를 불러야 하는 처지다. 길거리 곳곳에는 과거 무리한 투자가 빚어낸 고철덩어리의 커다란 공장들만이 앙상한 검은 연기를 아주 가끔 내뿜을 뿐이다. 공장을 돌리는 척만 한다.

19세기 거대한 산업박물관과 같은 공단의 공터에서 몰래몰래 아낙네들이 채소를 키워 암시장에 내다 팔고 있다. 배관공, 수리공인 남편들은 낡을 대로 낡은 승리구(권력의 상층부들이 사는 지역)의 아파트 건물을 수리하느라 밤마다 바쁘지만 가욋돈 수입이 괜찮다.[171] 사실 하급 관리들은 이미 알고 있는 사실이다. 몇 푼 받고 모른 체할 뿐이다.

"하나는 전체를 위하여, 전체는 하나(독재자)를 위하여"라는 주술 같은 구호가 스피커나 텔레스크린으로 요란하게 울려 퍼지던 '국가 1984'는 이제 없다. 전체주의는 허물어졌다. 한때는 모두가 매일 아침, 점심, 저녁으로 5분간 '증오시간'을 갖고, 모든 사람 앞에서 자신의 비당파적 태도를 자아비판하고, 다른 이의 비판을 듣고 자신도 다른 이를 열성적으로 비판했다. 하지만 이런 모임은 1980년대 한국의 예비군 훈련처럼 옛이야기가 되었다.

전체주의는 타락하게 마련이다. 인간의 이기적 본성이 완벽한 민주주의만큼이나 완벽한 전체주의 독재를 가로막는다. 국가 2025의 엘리트는 더 이상 유토피아를 믿는 광신도가 아니다. 놀랍도록 창의적인 기회주의자들이다. 자본가가 혁신과 창조로 커다란 이윤을 창출한다면, 빅브라더의 가신들은 자신들만 아는 정보를 이용해서 국부를 일부 사적으로 전용한다.

참을 수 없는 애매모호함이 차고 넘친다. 빅브라더와 그의 당이 관리해온 국유재산은 이제 누구의 것인가?[172] 국가 2025에서는 누가 무엇을 소유하고 있는지가 불분명하다(과거에는 빅브라더의 명령이 해결책이었다). 경제를 포기한 빅브라더는 한 발 물러나서 국유재산과 이끼처럼 퍼진 지하경제의 부를 두고 다투는 엘리트를 내버려둔다. 그들은 오늘 자기 몫을 최대한 많이 챙기지 않으면 내일은 아무것도 남지 않는다는 사실을 분명히 알고 있다. 그래서 지금 서로 속이고 싸울 수밖에 없다.[173]

국가 2025는 또 다른 애매모호함에 직면해 있다. 누가 더 공산주의적인가? 과거 중국 문화혁명을 지지하며 빨간 책을 손에 쥐고 흔들던 홍위병의 광적인 눈물, 수많은 깃발이 펄럭이는 나치 독일의 열광은 젊은이들의 착각이었다. 하나와 전체의 구분이 사라지는 전체주의 이상이 실현 가능하다는 착각 말이다. 이러한 집단 광기는 오래가지 못한다. 아무리 풍요로운 유토피아도 자원의 희소성을 피할 수 없다. 위신과 권력을 추구하는 허영심 많은 우리가 경쟁자보다 한 등급 낮은 롤렉스 시계에 만족할 수 있을까?

경쟁은 사라지지 않는다. 문제는 이들이 실력이 아니라 충성심을 두고 경쟁한다는 사실이다. 박수 소리가 경쟁의 승패를 가른다.[174] 빅브라더의 이름이 나오면 무조건 박수를 친다. 충분하다고 판단되면 연사는 손을 올려 박수를 끝낸다. 그런데 어찌된 영문인지 연사가 아무런 손짓도 보내지 않는다. 서로서로 눈치를 보고 있는데 한 사내가 박수를 멈추자 모두들 기다렸다는 듯 그를 따른다. 그 사내는 다음 날 사상경찰에 의해 어디론가 끌려간다. 모두가 예상하는 곳일 터다. 그 후 그의 소식을 들은 이는 아무도 없다.

국가 2025는 누가 더 나은 인간인지를 다투는 가짜 천사天使 경쟁만큼이나 윗사람을 속이기 좋다. 누구도 진실에는 관심이 없다. 최근 빅브라더 앞에 어려운 경제 사정을 알리는 통계자료를 들고 간 통계청장은 자본가적 객관주의로 비판받고 숙청되었다.

이런 가운데 감시 대상인 아랫사람이 제공하는 정보가 감시자가 접근할 수 있는 거의 유일한 정보다. 감시자는 이들이 무엇을 하는지, 무엇에 태만한지, 무엇을 할 수 있는지 알 수 없다. 정보의 비대칭성information asymmetry이다. 중고차 판매자와 구매자, 의료보험회사와 가입자 사이의 문제이기도 하다.[175] 지배하는 자의 권력이 두렵지만 지배받는 자는 자기만 알고 있는 정보를 이용해서 안전하게 사리사욕을 챙길 수 있다. 국가 2025의 형제 국가인 구소련의 모스크바 계획 당국은 저 멀리 동토의 시베리아 석유공장의 원유 생산량 정보를 공장장에게 전적으로 의존한다. 모스크바는 그 정보를 바탕으로 공장장의 실적을 평가한다. 참 쉽다.[176]

국가 2025의 정보 부족은 여러모로 심각하다. 국영 자동차 공장은 작년에 10만 대 정도를 생산했다. 그런데 올해 갑자기 여기저기서 자동차를 더 달라고 아우성이다. 계획부는 10만 대를 더 생산하라고 명령했지만 곧바로 자신의 결정에 스스로 당황했다. 자동차에 들어가는 부품의 개수가 얼마나 많은지 미처 알아채지 못한 것이다. 근본적인 계획 변경은 불가능하다. 그냥 작년 기준에서 조금 더 올리는 수밖에 없다.

너무나 많은 정보를 처리해야 하는 문제만큼이나 대부분의 정보는 엉터리다.[177] 형제 국가 중국의 대약진운동 때 허위 보고와 무능으로 2천만 인민들이 고통 속에 죽었다는 믿기지 않는 통계도 있다. 거짓과 위선, 부패, 거대한 낭비, 굴종, 체념 등이 한때 무섭게 타올랐던 전체주의를 추억할 뿐이다.

이런 와중에 누적된 스트레스가 불러온 아버지 독재자의 이른 죽음에 급하게 권력을 세습한 어린 독재자는 하루가 다르게 왕좌에 익숙해지고 있다. 아버지 독재자는 이미 자신의 죽음을 직감하고 아들을 따로 불러 독재 수업을 해왔다. 아마도 누구누구를 나중에 꼭 숙청하라고 일러두었을 것이다. 몇 년 전 외국의 여러 논평자들은 경험 미숙을 들어 어린 아들이 흔들릴 것이라는 예상을 쏟아낸 바 있다. 보기 좋게 틀렸다. 좋은 통치를 위해서는 경험이 중요할지 모르나, 이미 절대 복종에 익숙한 인민의 지배자에게는 흔들리지 않는 잔인성이 가장 핵심적인 자질이다.

아버지는 아들의 그런 모습을 사랑했다. 시간은 젊은 독재자의 편이다. 굴러 내려오는 눈덩이처럼 커져가는 그의 권력 앞에 노엘리트는 '오늘도 무사히'를 중얼거리며 기도한다. 이미 헌법을 수차례 개정하여 자신의 절대성을 만천하에 공표한 빅브라더는 자주 최고 지위의 공식 명칭을 바꾸어 모두의 주의를 환기시킨다. 그의 절대 권력에는 한 치의 애매모호함도 없다.

전체주의 전성기 시절, 역사의 전진을 믿었던 노엘리트를 비롯해 최고 엘리트 집단은 이제 혼연일체와는 거리가 멀다. 자신의 비밀금고와 다른 나라 은행계좌에 많은 달러를 숨겨놓고 언제 탈출할지 호시탐탐 기회를 엿보고 있다. 아무도 원치 않는 공산품을 생산하는 국영기업의 관리자들은 월, 화, 수, 목요일까지 자기 자리를 지킨다. 그리고 같은 사무실에서 금, 토, 일에는 암암리에 불법적인 부동산 계약을 주선하는 중개인으로 나선다.

이런 혼돈 속에서도 소수의 충성파가 신념에 찬 무서운 눈빛으로 모두를 쏘아보고 있다. 여전히 목적론적 세계관에 빠져서 독재를 열렬히 옹호하는 충성파가 열에 둘 정도 남아 있다. 지금까지 투자한 돈이 아까워 망해가는 사업에서 발을 빼지 못하는 미련한 사업가처럼 엉터리 이데올로기를 차마 버리지 못하는 것이다. 이들은 빅브라더의 방패막이다. 겁먹은 시민들 사이를 가르는 이들의 앙칼진 목소리와 험상궂은 눈빛은 모두의 정신을 혼미하게 한다.

남미 산골마을의 조직폭력배처럼 이들은 불순분자가 적발되면 마을 전체를 쑥대밭으로 만들어버린다. 소심한 주민들은 이웃에게 민폐를 끼치기 않으려 스스로 조심한다. 속으로 경멸과 분노에 치를 떨지만 시민들은 겉으로 용비어천가를 부르며 위험한 도전을 포기한다. 합리적 결정이다. 모두의 묵종 속에서 극렬분자의 고성은 더욱 두드러진다. 그나마 이제는 적당한 침묵의 자유는 주어졌다. 이전처럼 아침, 점심, 저녁으로 열리는 군중대회에서 거짓인지 참인지 자신도 헷갈리는 구호를 목소리 높여 부르짖지 않아도 된다. 관리에게 몇 푼 쥐어주면 조용한 하루를 살 수 있는 권리가 주어진다.

인민들 중에서 그나마 용감하고 기획력과 추진력을 지닌 인물들은 자구책으로 강을 건너고 산을 넘어 위험한 탈출을 감행한다. 어쩌면 빅브라더가 이들의 탈출을 방조하고 있는지도 모른다. 평소보다 국경선을 지키는 보초의 경비가 삼엄하지 않다. 이런 자들은 떠나주는 게 오히려 고맙다. 아무리 감시한다 해도 마음속 깊이 숨겨둔 불평불만을 어떻게 다 찾아내겠는가. 이들이 자신의 두 발로 정치적 의사를 표현해주는데 마다할 이유가 없다. 용감한 실천가들은 위기의 순간 핵심 대중으로 인민을 이끌 위험 분자다. 이들이 스스로 사라진다는 것은 아래로부터의 혁명 가능성도 함께 사라진다는 뜻이다.[178] 기쁘지 아니한가!

외부 관찰자가 볼 때 이 나라는 불안불안하다. 시장경제를 공식적으로 부정하고 자주의 기치 아래 그나마 부족한 국가 재원을 군사력에 쏟아붓는 것이 납득이 되지 않는다.

그러나 외부자의 시선이 틀렸다. 경제 위기는 독재의 위기가 아니다. 시민의 위기일 뿐이다. 무엇보다 지배의 업무를 수행하는 중앙감시기구는 재정적 어려움에 내성이 있다. 국가 건설은 초기 고정비용이 엄청나게 들긴 하지만 일단 건설되고 나면 국가의 한계(지배) 비용은 매우 저렴하다. 이는 공공재와 비슷하다. 지금까지 100명을 수용하던 열악한 노동수용소에 몇십 몇백을 더 집어넣는다고 지배 관리에 더해지는 비용까지 똑같이 늘어나는 건 아니다. 죄수들만 더 힘들 뿐이다.[179]

분명 국가 재정이 어려워지면 희생되는 부분이 있다. 대표적으로 치안이다. 치안은 보통 정상 국가가 제공하는 대표적인 공공재지만, 국가 2025는 치안을 포기한 지 오래다. 오래전 망가진 가로등은 아직까지도 마른 고목처럼 흉물스럽게 서 있다. 국가 통제 뉴스에서는 보도하지 않지만 최근 몇몇 취객이 머리에 돌을 맞고 돈을 빼앗긴 소위 퍽치기 사건에 대해 동네 주민들끼리 소곤거릴 뿐이다. 국가 2025는 변두리 시민의 불안감을 해소해줄 생각이 전혀 없다. 치안 개선에 쓸 돈으로 사상부 간부들에게 시계를 선물하는 편이 낫다. 제복 경찰과 환하게 비추는 가로등은 권력의 상층부가 모여 사는 승리구에서만 볼 수 있다.

국가 2025의 튼튼한 국가 폭력의 뿌리는 선대가 젊은 독재자에게 물려준 최고의 유산이다. 외부 강대국의 정치적 간섭이 두려웠던 할아버지 빅브라더는 '자주'라는 멋진 말로 경제를 희생시키고 군사력에 모든 걸 퍼부었다. 내전으로 내부의 적이 청소되었을 뿐만 아니라, 인종적·문화적 단일성 덕분에 국가 능력은 과잉되고 외부의 적대행위에 대한 군사적 억지력도 확보했다.

그렇다고 독재자가 항상 강한 국가를 좋아하는 것은 아니다. 세계 곳곳의 많은 독재자들은 반대로 행동한다. 부모의 엄청난 부가 아이를 망치듯이 아프리카, 중동, 남아메리카, 중앙아시아, 동남아시아의 천연자원 부국의 독재자는 막대한 재정이 들어가는 국가 건설보다는 손쉬운 돈 벌기에 온 정성을 쏟는다.[180] 영화 〈블러드 다이아몬드〉의 배경이기도 하다.

시에라리온 내전의 혼란 속에서 주인공 대니 아처(레오나르도 디카프리오 분)는 술집에 들렀다가 아름다운 여기자 매디 보웬(제니퍼 코넬리 분)을 만난다. 그녀에게 TIA This Is Africa가 무엇인지 아느냐고 묻는다. 아프리카의 절망과 숙명적 분위기가 그대로 묻어나는 문구다. 영화 곳곳에 아프리카의 비극이 대륙에 묻혀 있는 천연자원 때문임을 암시하는 장면들이 자주 나온다. 반군이 휩쓸고 간 마을의 촌노가 백인 주인공을 두려워하며 동행하는 흑인에게 말한다. "그래도 정말 다행이야. 우린 석유도 다이아몬드도 없으니. 땅속에 이것들이 있었더라면 어떤 일이 벌어졌을지…."

한편, 엄격한 감시와 통제는 오로지 사상범에게만 집중되어 있다. 국가 2025의 관료는 정직과는 한참 거리가 멀다. 여기저기 만연한 부패는 시민의 괴로움일 뿐 독재자의 위기는 아니다. 부패한 관료의 입장에서는 '황금알을 낳는 거위'와도 같은 국가를 흔들 까닭이 없다. 독재자 역시 자신과 자신의 명령에 대한 도전이 아닌 이상 수탈을 막을 수도 막을 의지도 없다.

붕괴 직전 소련의 부패가 국가 자체를 공격한 것과 달리, 국가 2025의 앞잡이들은 시민을 공격한다.[181] 어쩔 수 없이 사람들은 생존을 위해 지하경제로 들어간다. 좋은 먹잇감이다. 사상경찰 역시 감시 활동을 줄일 이유가 없다. 더 많은 감시는 더 많은 꼬투리와 용돈벌이가 된다. 단, 부패는 폭발하지 않고 만연할 뿐이다.[182]

이처럼 수많은 '통치' 실패에도 불구하고('지배' 실패는 아니다) 정치적 행위에 대한 철저한 감시와 통제 속에서 분명해진 단 한 가지는 '이제 모든 게 불분명해졌다'는 사실이다. 이른 새벽, 고된 출근길에 오른 인파들의 무뚝뚝한 얼굴에서는 어떠한 표정도 감지할 수 없다. 오랜 세월 훈련된 무표정이다. 혁명을 꿈꾸는 젊은이는 '모르겠다! 아, 진짜 모르겠다'고 속으로 되뇐다. 새로운 생각과 여론을 전파할 중심 비밀조직도 없고 소통할 방도도 없으니 모르겠다는 말이 정답이긴 하다.

이런 상황은 젊은 빅브라더에게 결코 불리하지 않다. 다수의 판단에 대한 다수의 확신 없이 새로운 세상을 향한 집단행동은 절대 불가능하다. 국가 2025에서 시민의 비겁함을 비판하기 전에 나의 허약한 정의감을 잊지 말자. 그들이 총살의 위협 앞에서 당당히 진실을 말할 것이라 기대하면 안 된다. 가끔 나타나는 영웅도 민족이나 종족 등 강한 공동체의 종교적·사회적 후원을 먹고 산다.[183]

원자화된 사회가 고립된 조그만 섬의 다도해로 바뀌었지만, 공동체 의식은커녕 여전히 시민들은 정부가 제시한 공식 구호를 반복할 뿐이다. 몇몇 친구들과 모여 불만을 쏟아낸다 한들 이러한 은밀한 소통이 서로의 희생과 용기를 믿는 공동지식을 만들 수는 없다. 정치적 결과는 미필적 현상 유지다. 충성하지 않지만 반항하지도 않는다. 묵종할 뿐이다. 오랜 개인독재가 만든 관습의 힘이 모든 걸 막고 있다.

또 다른 군상이 있다. 국가 2025의 상층 엘리트는 체제 붕괴를 원치 않지만 절대적 개인독재에서 벗어나기를 학수고대한다. 아무도 입 밖으로 내지 않을 뿐 그들의 불안한 눈빛에서 흐릿하지만 서로의 마음을 감지할 수 있다.

그런데 충성심이 널리 알려진 최고위직 인사 몇몇이 최근 공개 처형되거나 소리 소문 없이 증발했다. 불안한 기운이 빅브라더의 집무실이 있는 회색빛 사각 건물 전체를 감싸고 있다. 내일의 영광을 위해 오늘 충성할 준비가 된 혈기 왕성한 중간 간부들 중 일부도 집단적으로 몰살당하는 전례 없는 일이 일어나고 있다. 독재의 광기다.

과거 독재자의 할아버지는 칼을 신중히 휘둘렀으나 이제 무차별적 숙청 속에서 모두가 바람 앞에 등불 신세다. 출세라는 미래의 가치는 빠르게 빛을 잃어가고 있다. 개인독재에서 불안한 출세를 하기보다 자기들끼리 권력을 나누어 갖는 집단독재를 열망한다. 구소련처럼 말이다. 하지만 모두가 속으로만 꿈꿀 뿐이다.

다시 한 번 강조하지만 이 모든 상황에도 불구하고 독재의 위기는 아니다. 사소한 불손도 죽음으로 처벌하기에 영국 정치철학자 흄의 말처럼 "누가 우리 편인지도 알 수 없고 심지어 독재자의 권력 집단 내부에서 반란의 기운이 싹트지만 이는 각자의 마음속에서만 일어나는 변화일 뿐 모두는 주위의 의도를 알지 못하고 여전히 경외심에 가득 찬 눈빛으로 독재자를 바라보고 있다." 2인자도 없다. 독재자의 목표는 인민의 행복이 아니라는 점을 명심하자.

빅브라더는 권력 유지라는 자신의 목표를 달성하고 있다. 충분히 만족하고 있다. 위험을 감수하는 현상 변경은 없다. 대부분은 헐벗고 엘리트는 부패하고 모두는 독재자에 절대복종하는 척한다. 하지만 독재자도 할 말이 있다. 내가 개혁을 싫어하는 게 아니라 개혁을 할 수 없기 때문이다. 달리는 자전거는 멈출 수 없다. 멈추는 순간 비끗하며 넘어질 테니까.

이웃 빅브라더가 몰락하는 경로를 보면 아래로부터, 내부로부터, 위로부터, 외부로부터, 그리고 독재자 개인으로부터다. 아래로부터 민중의 저항, 내부로부터 국가 관료의 대탈출, 위로부터 엘리트의 무분별한 권력투쟁, 외부로부터의 침공이다.

절대적 개인독재 국가 2025에서는 이 모두가 당장 불가능하다. 무자비한 처벌과 여전히 흔들림 없는 감시기구의 그림자 체제하에서 집단 저항의 맹아는 전무하다. 부패가 만연하지만 폭발하지는 않는다. 대탈출의 기미는 없다. 모두들 아직 배가 건재하다고 생각한다. 배 안의 생쥐는 여전히 선실 안을 이리저리 달리고 있다.

국가 2025의 수도에 사는 좋은 집안의 어머니들은 미국의 '타이거 맘'처럼 자식 교육에 열정적이다. 이런저런 품을 들여 자식들을 의대에 보내려 노력한다. 형편이 괜찮은 사람들은 이 체제가 계속될 것이라 믿고 있다. 게다가 강한 군사력은 외부의 적대행위에 강력한 2차 보복을 행할 능력을 모두에게 분명히 증명해 보였다. 빅브라더가 당장 정권을 잃을 것을 걱정할 이유가 없다.

이제 오직 하나의 경로만이 남았다. 빅브라더의 자만과 무지로 위험한 개혁을 추구하는 경우다. 빅브라더의 실수다. 아직까지 개혁에 대한 분명한 청사진을 공식적으로 제시하지 않으면서 이것저것 실험하고 있다. 현명한 움직임이다. 개혁의 청사진은 새로운 세상에 대한 인민의 기대를 낳고 기대는 실망을 낳는다. 실망은 반항이다. 프랑스혁명, 러시아혁명처럼 말이다.[184]

만약 빅브라더가 반부패 투쟁을 강력하게 추진한다면 이는 되돌릴 수 없는 큰 실수가 될 것이다. 엘리트의 불만과 잠재적 힘을 너무 얕잡아 본 빅브라더의 오만이다.

부정하게 많은 부를 축적한 고위 엘리트에 대한 분개, 혹은 시민의 고통을 줄이겠다는 뜬금없는 선의로 벌인 반부패 투쟁은 되레 빅브라더 자신의 몰락을 초래할 수 있다. 빵의 가격을 올리면 안 되는 이유와 일맥상통한다. 2019년 버스 등 공공요금을 올려 전 국민을 일시에 화나게 했던 칠레 정부의 실책을 닮을 가능성이 높다. 전면적인 반부패 투쟁은 넓고 뿌리 깊게 퍼진 다양한 불만을 동시에 분출시키는 계기가 될 수 있다.

반부패 투쟁을 시도하는 것만큼이나 성공하는 것도 위험하다. 절대 권력을 누리는 독재자에게 필요한 사람은 절대다수의 인민이 아니다. 체제에 사활적 이해관계를 가지고 있는 소수의 엘리트다. 반부패 투쟁의 성공은 부패한 국가 엘리트가 체제를 지킬 경제적 이해를 지워버린다.[185] 부패의 기회가 사라진 퇴행하는 개인독재에서 함께 정권을 사수하기보다는 각자도생(사슴 대신 각자 토끼를 잡는)으로 조정할 공산이 크다. 결국 이러지도 저러지도 못하는 상황이다.

국가 2025의 뛰어난 수비 능력은 예기치 못한 급작스런 몰락을 불러올지도 모른다. 최고위 엘리트를 포함해 거의 대부분의 구성원이 이런저런 이유로 절대적 개인독재가 끝나기를 속으로 갈망한다. 그렇지만 서로가 서로의 마음을 확인할 길이 없기 때문에 사소한 변화마저 불가능해 보인다. 위대한 영웅이 전위 조직을 이끌고 줄기찬 투쟁으로 구체제를 뒤집는 것은 말 그대로 영화에나 나올 법한 이야기다(실제 역사에서도 마오쩌둥의 중국 혁명은 예외적이다).

억압적인 구체제는 대부분 급작스럽게 무너진다. 산불이나 지진을 닮았다. 산적한 문제들로 인해 국가 2025는 이제 스스로 붕괴의 임계점을 눈앞에 둔 아亞임계라는 물리적 상태에 도달하게 된다. 오랫동안 조그마한 산불도 없어 울창한 나무가 빽빽이 들어 찬 숲처럼 말이다. 이때 빅브라더의 실수는 성냥불이 된다.[186]

실수라는 원인을 우습게 생각지 마라. 소련의 마지막 총서기장 고르바초프가 미제의 간첩이라는 내용의 드라마가 리투아니아에서 큰 인기를 얻은 바 있다. 리투아니아 사람들은 소련 제국의 몰락 뒤에 거대한 음모가 있었을 것이라고 믿은 듯하다. 자기 조국의 운명을 극적으로 바꾸어놓은 20세기 최대

사건에 걸맞은 이야기를 찾고 싶은 마음이다.

그러나 소련의 몰락은 고르바초프의 음모가 아니다. 오만한 고르바초프의 연속된 실수 때문이다. 공산당 일당독재를 허무는 선거를 허용하지 않았다면, 총서기장 대신 대통령을 선택하지 않았다면, 직접 국민투표로 소련 대통령에 당선되었다면, 공화국 대통령 선거를 금지했다면, 발트 3국의 독립운동에 단호하게 대응했다면, 공산당원의 국부 훔치기를 중형에 다스렸다면….

만약 이 가운데 하나만 제대로 (피)했다면 소련의 해체는 없었을 것이다.[187] 대여섯 가지의 독립적인 실수가 겹치면서 폭발한 소련의 체르노빌 원자력발전소와, 마지막 실수를 아슬아슬하게 피한 펜실베이니아주 스리마일섬 원자력발전소의 운명처럼 말이다.

절대 지존의 생존 법칙

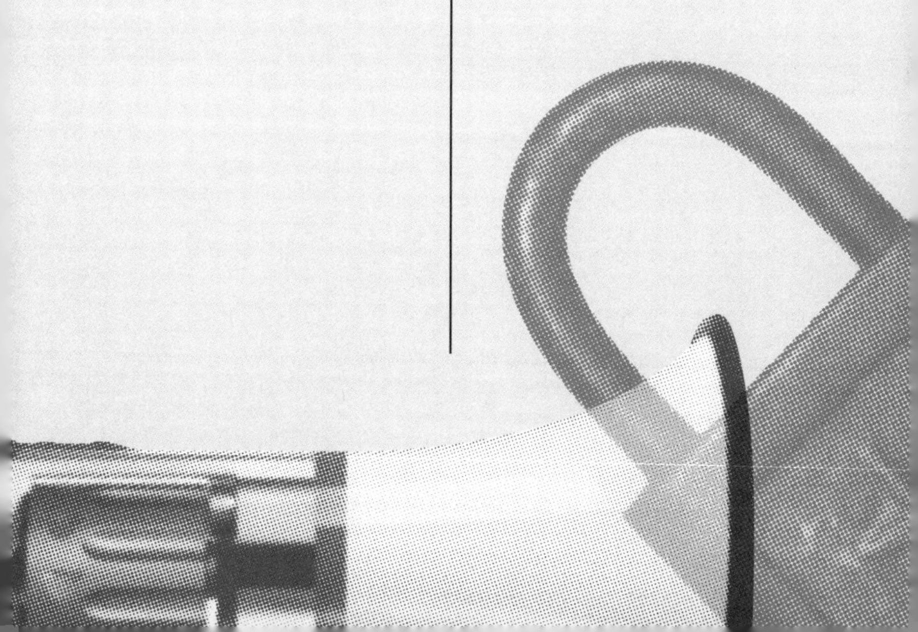

Principle of Dictatorship

"폭군은 자리에 있을 만큼 있었고 우리는 당할 만큼 당했다. 화무십일홍이다. 민심이 천심이다."

민주와 인권에 모든 걸 바친 반체제 인사는 절규하면서 노동수용소에서 가혹한 겨울을 맞는다. 수용소 소장은 피기침을 하는 그를 비웃는다. 슬프지만 소장의 생각이 옳다. 오랜 독재일수록 더 오래간다. 막차는 오지 않는다. 절대 권력의 폭군은 천수를 누리고 따뜻한 침상에서 편안히 눈을 감을 것이다.

독재(자)의 (생존) 법칙은 너무나 반인륜적이다. 그리고 아이러니하게도 반인륜적인 독재자일수록 더 오래 권좌에 머무른다. 민중의 고통과 독재의 지속성이 비례한다.[188] 독재는 쉽게 빠져나올 수 있는 흙구덩이가 아니다. 점점 더 깊이 빨려 들어가는 늪이다. 그래서 빙산을 피하는 용감한 선장이 아니라 아예 빙산 근처에도 가지 않는 현명한 선장처럼 우리는 가능하면 독재를 멀찍이 피해야 한다.

한번 지존은 영원한 지존이다. 독재의 제1법칙이라 부를 만하다. '초장 끗발이 개 끗발'이라는 화투판과는 정반대다. 화투판은 판마다 독립적이고, 처음 몇 번 연속해서 이겼다 해도 승산은 그대로다. 잠깐 기분만 좋을 뿐이다. 노름판에 오래 앉아 있을수록 실력만큼만 이기고 진다. 초반의 대단한 행운은 점점 희석된다. 그러나 독재의 법칙은 반대다. 점점 더 짙어진다.

운동 경기에서 "끝날 때까지 끝난 게 아니다"라는 주문은 권력투쟁에서는 통하지 않는다. 독재로의 길은 "길로 계속 이어져 있어" 점점 더 돌이킬 수 없다. 반칙으로 1회전을 이긴 사악한 자의 승리는 기정사실화되고, 심판마저 선수로 돌변하여 그에게 들러붙는다.

권력투쟁에 참전하는 이의 마음은 인내하는 신념이 아니라 흔들리는 계산이다. 대세로의 조정이다. 독재 권력은 임계점을 넘어서고 엘리트의 편승은 더 큰 독재 권력을 낳는다. 지수적 증가의 체증곡선이다. 많이 먹어서 배가 부를 대로 불러도 먹는 걸 멈추지 않는다. 충분한 권력에 만족하지 않고 극대화하려 한다. 패권적 지위만이 독재자에게 편안한 잠자리를 제공하기 때문이다. 독재자의 지칠 줄 모르는 숙청과 거짓말, 엘리트의 순진함과 오만, 개인 우상화로 모두가 독재자에게 절대

복종한다고 믿는 절대적 개인독재가 완성된다.

권력이 권력을 부르는 독재의 법칙으로부터 주요한 행동 지침이 나온다. 권력투쟁에 나선 자는 처음부터 전력 질주해야 한다는 것이다. 권력투쟁은 초반에 힘을 비축해서 막판 스퍼트로 1등을 노리는 마라톤이 아니다. 시작이 반 이상인 동계올림픽 500m 쇼트트랙 결승전이다. 역전승이 불가능한 권력투쟁에서는 처음부터 선두를 달려야 1등으로 들어온다.

또한 전력 질주만큼이나 중요한 것이 겉모습이다. 권력투쟁이라는 무대 위에 오른 선수의 승산을 측정하기가 만만치 않다. 이때 주위 구경꾼들에게 가장 눈에 띄는 표식이 바로 선수의 얼굴이다. 표정 관리가 중요하다. 승리를 확신한다는 듯 자신감 있는 표정으로 다녀야 한다. 한순간도 패배를 인정하는 걱정스런 낯빛을 보여서는 안 된다. 어떤 소리에도 놀라지 않는 사자와 같은 담대함, 방귀를 뀌고도 성을 내는 뻔뻔함이 필요하다.

불교 경전 《잡아함경》에 따르면, "비록 나쁜 소문이 퍼졌다 해도 공행하는 이는 그것을 기꺼이 받는다. 괴롭다고 스스로 해쳐서도 안 되고 그것으로 번민하지도 말라. 소리만 듣고 놀라는 것은 숲속의 짐승 꼴이니 짐승처럼 가볍고 성급한 마음으로는 출가법을 이루지 못하리라"라고 가르친다. 도를 닦는 이와 대척점에 서 있는 독재자가 새겨들어야 할 가르침이다.

한편, 독재자가 '필승불패'에 관한 수많은 노작을 직접 썼다는 선전에 호도되면 안 된다. 한때 남한 주사파의 대부 김영환이 김일성을 만나고 나서 그가 주체사상에 대해 잘 알지 못해 놀라고 실망했다고 회고한 적이 있다. 어쩌면 잘 알지 못하는 정도가 아니라 관심이 없었을 가능성이 높다. 독재자는 독서나 집필보다는 건강 유지와 체력 단련에 온 힘을 다해야 한다.

중국에서 문화혁명이 발발한 직후 1966년 7월 16일 요양 중이던 마오쩌둥은 우창武昌 연안에 건장한 청년들과 수영복 차림으로 등장하여 장강(양쯔강)에 몸을 던졌다. 그리고 73세 나이로 30리를 유유히 횡단했다. 그 덕분에 당시 소문으로 나돌던 중병설을 한 방에 날려버렸다. 러시아의 푸틴이 주기적으로 윗옷을 벗고 근육질 몸매를 노출함으로써 자신의 생물학적 미래가 건재함을 모두에게 과시하는 것도 이런 이유다.

아직 모든 게 불확실한 안개 정국 속에서도 성공한 독재자는 승리의 자신감만큼이나 덕장의 풍모를 갖추고 있어야 한다. 페르시아의 왕은 장군들의 이름을 하나하나 불러주었다. 어떤 부하가 자신의 이름조차 기억 못하는 왕을 믿을 수 있겠는가? 왕은 그들의 이름을 분명히 호명함으로써 '내가 너의 행적을 똑똑히 기억하고 있다'는 사실을 장군들이 믿게끔 만들어야 한다. 실제로 영리한 다단계 판매업자들은 초기 투자자들에게 약속한 이익을 배분할 때 일부러 떠들썩하게 파티를 열어 많은 이들이 직접 볼 수 있도록 한다. 왕도 많은 이들을 모아놓고 훈장도 주고 돈도 주고 자리도 주어 덕스러운 왕이라는 소문이 널리 퍼지도록 조치해야 한다.

자리를 줄이는 것보다 늘리는 게 좋은 방편이 되기도 한다. 이는 일석이조다. 강력한 2인자의 등장도 막고 모두를 오만한 만족자로 만들 수 있다. 그리고 대중당 노선을 채택하여 사람을 가리지 않고 더 많은 신입을 받아들이면 맞수와의 권력 차를 더욱더 벌릴 수 있다. 권력투쟁이 끝나고 난 뒤 의심스러운 자는 천천히 처리하면 된다.

영리한 독재자는 섣불리 헌법을 바꾸지 않는다. 독재정치에서 헌법은 독재자와 엘리트 사이의 계약서다. 1인자가 조력자들에게 보상과 약속을 지키겠다는 공개 문서다. 급하게 바꾸면 오히려 집단 반발의 계기가 된다. 대신 여기저기 은밀하게 자기 사람을 심어 권력을 조금씩 늘려야 한다. 헌법이나 제도가 바뀌면 모두가 곧바로 알 수 있지만 권력 조직에 충성파가 비밀스럽게 늘어나면 일부만이 알아챌 뿐이다. 눈치 빠른 불평분자는 수군거릴 뿐이다. 그래서 말이 많고 호가호위하는 경솔한 부하는 멀리해야 한다. 이들은 사방팔방에 위험한 신호를 보내는 어리석은 자다.

독재 권력이 점점 커지면 마침내 배반의 계절이 찾아온다.

이제 사악한 독재자는 덕장의 껍데기를 벗어던지고 유죄추정의 원칙에 따라 행동한다. 스탈린과 후세인 모두 이렇게 공언했다. "한 명의 적을 놓치는 것보다 수십 명의 무고한 사람을 희생시키는 편이 낫다."[189] 이는 문명사회가 근본적으로 기초하고 있는 무죄추정의 원칙을 정면으로 위반하는 것이다.

순진한 일반인과 달리 성공한 독재자의 마음에는 불신이 초기 설정 값이다. 이는 친구를 사귀기에는 매우 나쁜 태도이나 절대 권력에는 큰 도움이 된다. 어쩌면 독재자의 인식을 '부정 편향'(확증 편향의 정반대)이라 불러야 할지도 모르겠다. 한두 가지 증거에 만족하지 못하고 끊임없이 충성심을 의심하는 태도 말이다. 가신이 수백 번 잘해도 한 번 실수하면 의심의 씨앗은 무럭무럭 자라게 마련이다.

폭군의 삶은 끊임없는 의심의 연속이다. 더 이상 얻을 것은 없고 잃을 것밖에 없기에 독재자는 기백이 강하고 야심에 찬 부하를 의심의 눈초리로 대한다. 일단 믿어주되 상대가 배신할 경우 그제야 눈에는 눈, 이에는 이로 보복하는 '팃포탯tit-for-tat 전략'은 가당치 않다. 한 번 속으면 곧 쿠데타이고 죽음이다. 그래서 독재자는 상대의 속마음이 늘 궁금하다. 궁예가 관심법에 마음을 둔 이유다. 재상이나 장군이 폭군의 마음을 두려워하는 만큼 폭군 역시 자기 주위에 맴도는 인사들의 충성심을 매일 의심한다.

셰익스피어의 희곡에 등장하는 폭군 리처드 3세는 주위 사람들을 저만치 물러나게 한 뒤 자신을 도와준 버킹엄 공작에게 조용히 속삭였다. "어린 에드워드(형인 선왕의 아들)가 살아있소. 내가 말하고 싶은 것을 한번 생각해보시오." 하지만 버킹엄 공작은 제대로 대답하지 않았고, 그의 운명은 그날로 결정되었다.[190]

독재자의 지칠 줄 모르는 유죄추정은 재주 많은 자의 처세에 큰 지침을 준다. 즉 함부로 출세하지 말라는 것이다. 독재자의 변덕과 의심은 권력을 지키기 위해 불가피하고, 독재정치에서 입신양명은 철저히 무상하기 때문이다. 이를 증명하듯 《논어》 〈태백太白〉 편에는 "도가 있으면 나가 벼슬을 하고 도가 없으면 숨어 살아라有道則見 無道則隱", 〈위령공衛靈公〉 편에는 "나라에 도가 있으면 나가서 벼슬을 하고 나라에 도가 없으면 즉시 뜻을 거두어 숨기는 편이 낫다邦有道則仕 邦無道則可券而懷"라고 공자도 조언하고 있다.

소통을 철저히 금지하고 공개적 졸음을 무자비하게 처벌하면 독재자는 사랑받지는 못할지라도 죽음을 편안히 맞을 수 있다. 만약 궁예가 후삼국을 통일한 이후에 관심법을 걸어 부하를 죽였다면 왕좌를 잃는 일은 없었을 것이다. 외부의 견훤도 없고, 2인자 왕건도 없고, 어전회의도 없고, 오직 철퇴만 있었다면 새로운 대항마가 나타날 수 없다. 서로 무슨 생각을 하는지 알 수 없고, 자칫 목숨을 잃을 수 있기에 누구도 선뜻 나서지 못한다.

반란은 "도를 믿습니까?" 같은 전도 활동이 아니다. 도의 전파는 성공률이 매우 낮지만 실패에 따른 비용이 거의 들지 않는다. 자존심에 약간 상처 나는 정도다. 당연히 무수한 시도가 합리적이다. 그러나 독재정치에서는 닥치고 투쟁하면 어리석은 죽음뿐이다. 투쟁은커녕 기침 소리마저 내지 않으려 열심히 마른침을 삼켜야 한다.

독재자에게 겸손은 금물이다. 엘리트는 독재자의 인간성에 주목하지 않는다. 독재자의 승리 가능성, 지속 가능성, 자신에 대한 호의에만 관심이 있다. 그래도 주목하는 인간의 덕목이 있다면 은혜를 잊지 않는 의리 정도다. 이기고 있고 이길 것이라는 확신을 흔들림 없이 보여주면서 자신의 위대성을 줄기차게 떠들면 된다. 겸손은 인간적으로 칭송할 만한 미덕이지만, 정치에서는 "가만히 있으면 가마니가 된다"는 속설처럼 한발 뒤에서 걸으면 무시당하고 버림받기 일쑤다.

동시에 군무, 노래, 구호, 동상 등으로 독재자의 위대함과 절대 권력의 신호를 온 사방으로 보내야 한다. 그의 가신과 인민들이 한순간도 헷갈리지 않도록 말이다. 단, 생방송은 안 된다. 1989년 12월 추운 겨울, 광장에 강제로 모인 시민들 앞에서 루마니아의 늙은 독재자 니콜라에 차우셰스쿠가 일장 연설을 했다. 그때 누군가 군중 속에서 소리쳤다. "차우셰스쿠를 타도하자!" 이에 당황하고 겁에 질린 독재자의 얼굴이 생중계로 보도되는 바람에 전체 인민이 그 광경을 보고 말았다. 그 순간 게임은 끝났다.

수많은 인민이 정권을 증오한다 해도 거대 동상으로 빽빽한 나라는 쉽게 무너지지 않는다. 아마도 독재자의 노련한 가신이라면 이렇게 조언할 것이다.

> 가식적인 나라 밖 민주주의자들의 호들갑에 걱정하지 마소서. '거듭된 실정으로 굶주림에 고통 받는 수많은 인민들이 독재자를 경멸하고 있고 정권은 정당성을 상실했다'는 주장은 정치를 모르는 얼치기 공갈에 불과합니다. 인민들을 모아서 집회를 계속하면 됩니다. 저들을 설득시키려 하지 마소서. 저들이 당신을 사랑하지 않아도 신경 쓰지 마소서. 우리에게 필요한 것은 저들의 묵종입니다. 화장실 벽을 낙서로 더럽히는 자를 죽음으로 다스리면 충분합니다. 생산 활동이 멈춘다고 걱정할 필요는 없습니다. 우리의 돈줄은 생산이 아니라 외국인의 관광입니다.

부국강병이 아닌 권력을 절대시하는 독재자는 구체적 약속을 함부로 하지 않는다. 추상적이고 공허한 미사여구만 남발할 뿐이다. 인민의 절망이 깊어지는 것은 상관없다. 희망이 꺾이는 순간이 위험하다.

예를 들어, 엄격한 아버지가 대학생 딸의 통금을 10시로 제한했다고 하자. 딸은 별다른 저항 없이 아버지의 규칙을 따를 것이다. 그러던 어느 날, 한잔 술에 기분이 좋아진 아버지가 통금을 12시라고 딸에게 선언한다. 그런데 며칠 후 딸이 12시쯤 집에 들어오는 게 마음에 들지 않은 아버지가 다시 결정을 취소한다고 딸에게 통보한다. 하지만 이제 딸에게 10시라는 규칙은 참을 수 없는 구속으로 다가온다. 줬다 뺐으면 안 된다. 처음부터 주지 말아야 한다. 굳이 환심을 사고 싶다면 언제라도 철회할 수 있는 일시적 은사를 내리는 편이 더 안전하다.

곤궁하다고 너무 쉬운 수탈 방식에 기대는 것도 위험하다. 요금을 올리면 시위가 일어난다. 인상된 요금에 대해 모두가 불만이라는 사실을 모두가 알게 되기 때문이다.

2009년 11월 30일, 기습적으로 도입한 북한의 화폐개혁은 시장이 축적한 부를 손쉽게 회수하려는 김정일의 꼼수였다. 자신이 고생스럽게 축적한 부가 사라지는 광경을 함께 지켜본 평양의 대다수 상인들은 약속이나 한 듯 가게 문을 닫아버렸다. 평양시 당 책임비서 김만길의 사과도 소용이 없었다. 폭압과 감시가 항시적인 북한에서 이러한 집단행동은 전례가 없었다. 김정일이 잘못을 공개적으로 시인할 정도로 내상이 깊었다. 북한이 이 정도라면 어려울수록 돌아가는 편이 훨씬 안전하다.

지금까지 이야기한 몇 가지를 철저히 행하고 몇 가지만 조심하면 민중의 고통과 가신의 경멸 속에서도 전제의 폭군은 만수무강을 누릴 수 있다. 슬프지만 사실이다.

혹시라도 오해가 있을까 첨언하자면, 비열한 싸움에 유용한 자질들을 편안한 마음으로 바라보기는 인간적으로 힘들다. 양극화의 광풍 가운데 여기저기서 싸움꾼이 득세할 게 빤하다. 허풍, 자만, 기만, 무감각, 의심, 꼼수, 뻔뻔함, 잔인함, 지루함 등에 소질을 보이는 이들이 적지 않다. 지칠 줄 모르는 자기자랑 정도야 한 귀로 듣고 한 귀로 흘릴 수 있지만, 상대의 약점을 놓치지 않고 날카롭게 포착해서 모욕적인 언사로 정신적 고통을 가하는 얄팍한 말재주가 마음의 평화를 깨뜨린다. 이들과 친구가 되고 싶지 않다. 이들과 싸워 이길 자신도 없고 그럴 필요도 못 느낀다. 한 번의 전투가 아니라 인생이라는 기나긴 전쟁에서 목표를 달성해야 하기에 멀찍이 거리를 두고 싶다.

폭군이 지배하는 야만의 시대라면 피신이 상책이다. 《논어》〈미자〉 편에서 공자는 "사람이 사람과 살아야지, 어찌 들짐승, 새들과 어울리겠는가"라고 힘들어 하는 제자를 타이른다. 과연 공자가 스탈린과 김일성의 독재를 보았어도 같은 말을 했을지 궁금하다.

숨소리도 낼 수 없는 폭정의 시대에 개혁은 가당치 않다. 재주를 부려 혼자 출세할 수도 없는 노릇이다. 폭군의 변덕에 내 앞에 놓인 부귀영화가 언제 구름처럼 흩어져버릴지 모른다. 멍청한 엄숙함을 꼭꼭 지킬 수 있을 만큼 무료한 인간이 아니라면, 그리고 몸을 숨길 곳이 있다면 숨어 사는 편이 낫다. 굳이 숲속까지 들어갈 필요도 없다. 사람들 사이에 숨어 지낼 수도 있다. 평민은 왕보다 귀족이 더 무서운 법이다. 여우가 사라진 호랑이의 숲에서 숨어 지내기는 그리 어려운 일이 아닐 수 있다. 큰 소리만 내지 않는다면.

이래저래 피신이 상책임을 잊지 말아야 한다. 독재는 구덩이가 아니라 늪이다. 빠지면 더 깊이 빠진다. 애초 근처에도 가지 말아야 한다.

권력의 공백만큼이나 규범의 공백이 생기면 절대 권력이 그 모습을 드러낸다. '이 선만은 넘어서면 안 된다'는 권력의 제한선이 사라진 혼돈의 아노미 상태(공동지식의 부재)에서 얼굴 두껍고 속임수에 능한 인물에게로 점점 많은 이들이 모여들면서 1차 권력투쟁은 막을 내린다. 이제부터 피비린내가 진동한다.

절대 권력자는 1인자의 지위를 한껏 이용하여 한 사람씩 공개 석상으로 불러내 비판하고 숙청한다. 운 좋게 불려 나가지 않은 사람들은 안도의 한숨을 내쉬며 더욱 큰 목소리로 "독재자 만세"를 외친다. 자기들끼리 더 크게 외치며 경쟁까지 한다. 함께 통치하자는 독재자의 약속은 이제 온데간데없다. 절대복종의 의례와 집회 속에서 어느 누구도 기침 소리조차 내지 못한다. 모두가 속으로만 이 황당한 현실을 저주한다.

그렇게 몇십 년이 지나고 아직까지 살아남은 자들은 독재자의 침상에 모여 그의 임종을 초조하게 기다린다. 의사의 사망 선고도 믿지 않고 옆방에서 몇 시간을 더 보낸다.

한국 사회가 독재의 미끄럼틀을 탈 거라고는 생각하지 않는다. 우리는 스스로를 자랑스러워해도 된다. 아무리 양극화가 심화되고 도덕이 양심의 잣대가 아니라 서로를 공격하는 내로남불의 무기가 될지라도 우리는 최소한의 선을 알고 있고, 충분히 그 선을 지킬 수 있다. 다행히도 우리의 민주주의는 꽤 멀리까지 전진했다.

그래도 여기저기서 민주주의의 균열이 보인다. 양극화의 갈등 속에서 편향에는 편향으로 맞서는 게 정당화되는 분위기다. 저쪽에서 잘못한 만큼 이쪽에서 잘못하면 균형을 맞출 수 있다는 생각인지도 모르겠다. 그 결과 한쪽이 틀린 만큼 다른 한쪽도 틀려버리는가 하면, 문제를 해결하겠다고 나선 자가 문제가 되기도 한다. 잘못을 대하는 공자의 원칙이 생각나는 현실이다. 공자는 '원수를 덕으로 갚는 것報怨以德'에 반대했지만, '원수를 원수로 보복하는 것報怨以怨'에도 반대했다. 공자의 방식은 보원이직報怨以直이다. 잘못은 바로잡는 것이지 보복의 대상이 아니기 때문이다.

그런데 누가 무엇을 잘못했는지를 따지기가 만만치 않다.

정치적 사건은 복잡하고 애매모호하다. 이는 우리의 제한적 정직성이 마구 활개 칠 수 있는 조건이 된다. 정직성의 한계를 잘 보여주는 대표적인 행동이 '포샵'이다. 누군지 쉽게 알아보지 못할 정도로 작업한 포샵은 우리의 정직성을 크게 위협하지는 않는 모양이다. 그러니 큼지막하게 SNS에 올려놓는 게 아닐까? 그런 점에서 정치적 사건은 포샵질하기 좋다. 여기저기 살짝만 만져주면 우리 편이 여전히 정의롭다고 자신과 주위 동지들을 손쉽게 설득할 수 있다.

정직성만큼이나 우리의 정의로움도 허약하다. 우리는 부정의보다 정의를 원한다. 단, 자신과 이해관계가 걸려 있지 않는 한에서다. 수많은 사람들이 부정의한 강자에게 핍박받는 약자의 편에 서고 싶어 하지만, 편이 나뉘는 순간 정의로움은 허망하게도 갈라진 바닥 틈 사이로 사라져버린다. 개인독재의 부조리에 항거하지 않는다고 다른 나라 주민을 힐난할 수 없는 우리의 자화상이다.

어중간한 정직성과 정의로움에 정치적 양극화가 더해지니 내로남불의 싸움이 판을 친다. 이런 와중에 독립성을 생명으로 하는 단체와 집단이 불편한 사안에 침묵하면서 사람들로부터 빠르게 평판을 잃어간다. 결국 해결은 안 나고 싸움만 깊어진다.

이제는 극단적 이견을 참아야 한다는 법학자의 숭고한 외침이 시대착오적인 것처럼 느껴진다. 오히려 이쪽저쪽에서 불어오는 극단적 이견의 광풍에 제정신을 부여잡아야 하는 처지다.

사회심리학자 솔로몬 애시Solomon Asch가 고안한 '애시의 동조 실험'은 다수의 잘못된 답을 추종하지 않고 소신껏 답을 말하는 자가 있으면 피실험자는 용기 내어 정답을 외칠 수 있다는 걸 증명해준다. 이견을 가진 자를 포용해야 하는 중요한 근거다. 그런데 지금은 극단적 이견의 고성으로 인해 시민들이 공론의 장으로부터 도망친다. 말재주 있는 자들의 싸움 속에서 자신의 생각을 드러내기가 만만치 않다.

우리의 어중간한 본성, 정치적 양극화, 내로남불의 광풍의 기저에는 복잡한 현실을 깡그리 무시하는 조잡한 이데올로기가 있다. 이데올로기는 무서운 것이다. 함부로 마음에 들이면 안 된다. 이데올로그는 모든 질문에 대해 즉각적으로 확신에 찬 답을 내놓는다. 그리고 고집스럽게 한쪽만 바라보면서 보지 못하는 것을 보지 못한다고 인식조차 하지 못한다. 머릿속에 이데올로기의 고압 전류가 회의와 의심을 태워버리니 어쩔 수 없는 노릇이다.

공자는 《논어》에서 이데올로기를 어떻게 피해야 하는지 분명히 알려주고 있다. 배우고 가르치다 시간 가는 줄 모르는 인생을 살았다는 공자의 가르침인 《논어》는 학이시습지學而時習之로 시작한다. 이웃을 사랑하라, 집착하지 마라 등등 멋진 말도 많은데, 열심히 공부하라니? 아마도 공자는 무언가를 알고 있었던 것 같다. 공자의 인仁은 모든 상황에 적용되는 경직된 행동 원칙이라기보다는 선함에 대한 '분별력 있는 감수성sensibility of goodness'이라 생각한다.[191] 그렇기에 공자의 강조처럼 인을 실천하기 위해서는 학學이 필요하다.

공자는 배움의 방법을《논어》여기저기서 알려주고 있다. 사이불학즉태思而不學則殆(생각만 하고 배우지 않으면 위태롭다)에서는 독선을 경계하는 마음을 읽을 수 있다. 비도홍인非道弘人(도가 사람을 넓히는 것은 아니다)은 이데올로기에 대한 경계심을 일깨워준다. 추상적으로 구성된 도(이데올로기)로는 사람을 키우지 못한다. 오히려 절문근사切問近思의 정신으로 하학이상달下學而上達하는 학습을 통해 개인이 도(정의로운 공동체 복리)를 넓혀야 한다(인능홍도人能弘道). 이는 호기심과 지적 겸양으로 배운 것을 벗과 나누는 삶이다. 훌륭한 과학자처럼 증거에 비추어 자신의 태도와 판단을 새롭게 바꾸면서 조금씩 나은 답을 찾는 노력이다. 도덕으로 누구를 설교하지 않고, 대세를 추종하지 않고, 누구를 단죄하지 않고, 오로지 벗과 함께 진실을 찾아가는 것이다. 이 과정에서 사람 사이에 오가는 감정은 한잔 술에 보내버리면서 말이다.

이데올로기만큼이나 우리는 사고의 구획화를 피해야 한다. 적과 우리로 세상을 나누고, 적을 생각하는 마음의 방과 우리

편을 생각하는 방을 나누면 도덕은 양심의 잣대가 아니라 공격의 무기로 전락한다. 이겨야 한다는 마음이 앞서는 순간 신중히 생각하지 않을 공산이 크다. 우리 편에 마음 넓은 관용과 반대편에 서슬 퍼런 단죄가 한마음에 동거하고 있지는 않은지 살펴보아야 한다.

문화적·국가적 상대주의라는 보검을 휘두른다면 나는 묻고 싶다. 왜 상대주의를 국가나 집단 단위로만 적용하는가? 가족 문화도 있지 않은가? 만약 가족 단위로까지 상대주의를 확대 적용할 수 있다면 신에 가까운 관용성을 발휘할 수도 있지 않을까? 적과 우리로 구분하는 마음의 방을 허물어야 모진 시어머니가 며느리를 혼내고 자리에 누워 시집 간 딸을 생각하며 눈물 흘리는 이중성을 피할 수 있다.

글을 맺기 전에 지식인(배우는 자)의 역할에 대해 생각해보고 싶다. 19세기 러시아에서는 사회적 문제에 대한 공적 의무감을 지닌 집단을 지칭할 때 인텔리겐치아intelligentsia라는 용어를 사용했다. 서유럽에 비해 크게 낙후한 러시아에서 어렵게 살아가는 노동자, 농민의 문제를 해결해야 한다는 의무감에 개인의 안락을 버린 이들이다. 마찬가지로 20세기 혼돈과 부조리의 한국에서도 이러한 공적 의무감을 지닌 지식인 집단이 존재했다.

다행히도 이제 우리가 매일 느껴야 하는 공적 의무감의 무게는 많이 가벼워졌다. 민주주의 덕분이다. 그렇다고 비극의 부재를 강변하는 것이 아니다. 비극을 핑계로 일삼는 논리적 비약이 문제다. 일부 식자들의 과장된 주장을 듣고 있노라면, 까치발을 하고 손을 바짝 치켜든 초등학생이 떠오른다. 의견이 극단화되고, 사고가 구획화되고, 사실이 각색되는 과잉의 시대에 배운 것을 바탕으로 한 번 더 생각하는 것이 배우는 자의 의무처럼 느껴진다. 그래서 정치라는 길거리 싸움에 빠져든 구경꾼을 보면 옆구리라도 찔러야 한다.

이 모든 제안에도 불구하고 '정치는 곧 싸움'이라는 본질은 민주주의에서도 변하지 않는다. 우리는 이 점을 명심할 필요가 있다. 이겨야 한다는 지상 과제로 인해 각 세력은 편협하게 똘똘 뭉치는 동이불화를 피하지 못한다. 정치인과 시민 모두 이런저런 인간적 약점을 조금이라도 고치기가 쉽지 않다. 그래서 더더욱 언론·집회·결사의 자유를 지키고, 권력을 최대한 분산하여 배우고자 하는 시민의 감시와 참여가 쉽게 이루어지도록 분위기를 조성해야 한다.

마지막으로, 지금도 개인독재의 폭압 속에서 살아가고 있는 이름 모를 이들에게 행운을 빈다. 그들에게 간절한 행운은 독재자의 오만과 조급한 실수다. 개인독재의 다음이 민주주의에 크게 미치지 못해도 상관없다.

《문명의 충돌》의 저자 새뮤얼 헌팅턴Samuel Huntington은 독재냐 민주주의냐 이전에 통치의 문제가 먼저 해결되어야 한다는 보수적 입장을 피력해 유명해진 학자다. 그렇지만 개인독재에서는 통치의 문제를 해결하지 못한다. 심지어 인민의 복지에는 관심도 없다.

개인독재에서의 탈출은 어떤 방향이든 지금보다 낫다. 아래로부터, 위로부터, 외부로부터 변화의 길이 막혀 있는 개인독재의 유일할 탈출구는 독재자의 오판이다. 그의 오판이 판도라의 상자를 열어젖혀 심지 없는 시한폭탄을 터뜨림으로써 인민들이 공동체의 길을 주체적으로 결정할 수 있기를 바란다.

주석

1 Myerson, Roger(2008), "The Autocrat's Credibility Problem and Foundations of the Constitutional State," ***American Political Science Review*** 102(1): 125-139.

2 정보의 불확실성을 독재정치 분석의 중심에 놓은 훌륭한 연구로 Svolik, Milan W.(2012), ***The Politics of Authoritarian Rule***, Cambridge: Cambridge University Press 참조.

3 본문에서 사용하고 있는 국가에 대한 유명한 정의는 다음의 논문에서 찾을 수 있다. Weber, Max(1946), "Politics as a Vocation," in H.H. Gerth and C. Wright Mills(Translated and edited), ***From Max Weber: Essays in Sociology***, New York: Oxford University Press.

4 Bates, Robert H., Avner Greif, and Smita Singh(2002), "Organizing Violence," ***Journal of Conflict Resolution*** 46(5): 599-628.

5 Mearsheimer, John(2014), ***The Tragedy of Great Power Politics***, New York. W.W Norton & Company.

6 Leeson, Peter T.(2011), ***The Invisible Hook: The Hidden Economics of Pirates***, Princeton: Princeton University Press.

7 Weingast, Barry(1997), "The Foundations of Democracy and Rule of Law," ***American Political Science Review*** 91(2): 245-263.

8 Svolik, Milan W.(2019), "Polarization versus Democracy," ***Journal of Democracy*** 30(3): 20-32.

9 위의 사례는 다음의 책에서 인용하고 있다. Chwe, Michael Suk-Young(2001), ***Rational Ritual: Culture, Coordination, and Common Knowledge***, Princeton: Princeton University Press.

10 Fearon, James(2011), "Self-Enforcing Democracy," ***The Quarterly Journal of Economics*** 126(4): 1661-1708.

11 Olson, Mancur(1965), ***The Logic of Collective Action***, Cambridge: Cambridge

University Press.

12 Ackerman, Bruce(1991), ***We the People***, New York: Cambridge University Press.

13 한병진(2007), "미국 헌정 질서, 법치 민주주의 삼위일체: 애커만의 이중 민주주의론을 중심으로," 『대한정치학회보』 제14권 3호: 19-36.

14 North, Douglas and Barry Weingast(1989), "Constitutions and Commitment: The Evolution of Institutions Governing Public Choice in Seventeenth-Century England." ***Journal of Economic History*** 49(4): 803-832. 프랑스와 비교하여 왕권이 제한된 영국이 프랑스와의 전쟁에서 대부분 승리했다는 점에 주목할 필요가 있다. 독재 권력이 제한되면 국가 전체에는 여러 좋은 일이 생긴다. 무엇보다 부국강병이다. 버킹엄궁전과 베르사유궁전 중 어디가 더 화려한지를 보면 왕권을 간접적으로 비교할 수 있다. 법복 귀족으로 상징되는 성공적인 중앙 집중화로 프랑스 왕은 귀족에 대해 확실한 우위를 누릴 수 있었다. 영국의 경험은 이와 대조적이다. 왕권 강화를 위한 소심한 시도는 명예혁명으로 간단히 제어되었다. 그런데 약한 영국 왕이 귀족의 도움으로 훨씬 더 많은 전쟁 물자를 동원할 수 있었다. 프랑스의 귀족 등은 수차례 약속을 어긴 왕을 돕기를 거부했다. 왕권이 너무 강하면 전쟁에도 지지만 국내 경제발전 역시 가로막힌다. 영국과 스페인의 갈라진 운명이다. 스페인의 야심 있고 능력 있는 젊은이들은 왕권의 일부가 되기 위해 관료로 진출했다. 왕권을 제한한 덕분에 재산권을 지킬 수 있었던 영국의 능력 있는 젊은이는 기업가적 혁신으로 부와 명예를 추구했다. 귀족은 만들 수 있지만 신사를 만들 수 없다는 왕의 말이 당시 영국의 사회상을 말해주고 있다. 신사gentleman는 자신의 창의적 노력으로 성공한 젠트리gentry 계층의 사람을 일컫는다.

15 이종석(2000), 『새롭게 쓴 현대 북한의 이해』, 역사비평사.

16 니콜로 마키아벨리, 강정인·김경희 옮김(2011), 『군주론』, 까치.

17 그래서 이들의 충성심은 일반적으로 매우 높다. 독재자와 운명을 같이한다. Bratton, Michael and Nicolas Van de Walle(1994), "Neopatrimonial Regimes and Political Transitions in Africa," ***World Politics*** 46(4): 453-89.

18 전체주의와 권위주의라는 전통적 구분은 독재정치의 역동성을 잡아내는 데 큰 도움이 되지 않는다. 이 책에서는 이 구분법을 거의 사용하지 않는다. 전체주의와 권위주의의 주된 차이는 국가 공권력이 사적 공간에 침투하는 정도에 달렸다. 권위주의에서는 당신이 정권에 공공연히 반대하지 않는 이상 사적 영역에서 대체로 자유롭게 살 수 있다. 전체주의는 적극적으로 정권에 대한 충성을 표현하지 않는 자를 인민의 적으로 처벌한다. 분명 전체주의는 독재자의 정치·경제적 능력을 극

대화시키는 정치적 질서다. 특히 사적 재산권을 완전히 부정하는 공산 전체주의는 독재자가 모든 것을 가질 수 있도록 만들었다. Linz, Juan(2000), ***Totalitarianism and Authoritarian Regimes***, Boulder, CO: Lynne Rienner Publishers.

19 Teiwes, Frederick C.(2001), "Normal Politics with Chinese Characteristics," ***The China Journal*** 45: 69-82.

20 Nee, Victor(1992), "Organizational Dynamics of Market Transition: Hybrid Forms, Property Rights, and Mixed Economy in China," ***Administrative Science Quarterly*** 37(1): 1-27.

21 오늘의 빵뿐만 아니라 내일의 빵을 지키기 위한 민중의 해결책으로 민주주의를 분석한 연구로는 Acemoglu, Daron and James A. Robinson(2005), ***Economic Origins of Dictatorship and Democracy***, Cambridge: Cambridge University Press 참조. 여기서 핵심은 민주주의로 지배계급과 피지배계급 사이의 약속의 문제를 해결해서 혁명을 피한다는 주장이다.

22 사자와 농부의 우화, 오사카 성의 예는 박찬희·한순구(2005), 『인생을 바꾸는 게임의 법칙』, 경문사 참고.

23 Magaloni. Beatriz(2006), ***Voting for Autocracy***, Cambridge: Cambridge University Press.

24 한병진(2010), "한국 선거 권위주의의 정치동학," 『대한정치학회보』 제17집 3호: 265-284.

25 임혁백(2004), "유신의 역사적 기원: 박정희의 마키아벨리적인 시간(상)," 『한국정치연구』 제13집 2호: 223-258.

26 조갑제(2007), 『노태우 육성회고록』, 조갑제닷컴.

27 Hale, Henry E.(2005), "Regime Cycles: Democracy, Autocracy, and Revolution in Post-Soviet Eurasia," ***World Politics*** 58(1): 133-165.

28 Kuran, Timur(1991), "Now out of Never: The Element of Surprise in the East European Revolution of 1989," ***World Politics*** 44(1): 7-48; Kuran, Timur(1995), ***Private Truths, Public Lies: The Social Consequences of Preference Falsification***, Cambridge: Harvard University Press.

29 Hale, Henry E.(2005), "Regime Cycles: Democracy, Autocracy, and Revolution in Post-Soviet Eurasia," ***World Politics*** 58(1): 133-165.

30 Olson, Mancur(1993), "Dictatorship, Democracy, and Development," ***The American Political Science Review*** 87(3): 567-576.

31 중앙 권력이 흔들리면서 부패가 폭발하는 양상에 대한 훌륭한 분석으로 Shleifer, Andrei, and Robert W. Vishny(1993), "Corruption," ***Quarterly Journal of Economics*** 108(3): 599-617 참조.

32 Varian, Hal R.(1999), ***Intermediate Microeconomics: A Modern Approach***, New York: W.W. Norton and Company.

33 Hoffman, Philip T. and Jean-Laurent Rosenthan(2010), "Divided We Fall: The Political Economy of Warfare and Taxation," Unpublished Manuscript.

34 North, Douglass(1981), ***Structure and Change in Economic History***, W. W. Norton & Company.

35 한병진(2010), "합리주의적 국가 건설론과 한국적 함의," 『세계지역연구논총』 28집 3호: 317-336.

36 국사편찬위원회(1994), 『한국사 23: 조선초기의 정치구조』, 국사편찬위원회.

37 국사편찬위원회(1994), 『한국사 23: 조선초기의 정치구조』, 국사편찬위원회.

38 Hume, David(1748), ***Political Essays***, New York: Cambridge University Press. 흄의 관찰에 힘입어 독재정치 이론화의 길을 연 고전적 연구로 Tullock, Gordon(1987), ***Autocracy***, Boston: Kluwer Academic Publishers 참조. 이 책은 흄과 털럭의 생각과 연구에 크게 도움을 얻고 있음을 밝힌다.

39 여론의 억압적 속성으로 인해 모두가 다소 위선적으로 공적 의견을 표시하면서 여론과 전체 구성원의 사적 태도의 총합 사이의 괴리는 민주주의에서도 불가피하다. Noelle-Neumann, Elisabeth(1984), ***The Spiral of Silence: Our Social Skin***, Chicago: University of Chicago Press.

40 Hardin, Russell(1996), ***One for All: The Logic of Group Conflict***, Princeton: Princeton University Press; Lewis, David(1969), ***Convention***, Cambridge: Harvard University Press.

41 Schelling, Thomas(1978), ***Micromotives and Macrobehavior***, New York: W.W. Norton and Company.

42 Hardin, Russell(1991), "Hobbesian Political Order," ***Political Theory*** 19(2): 156-180.

43 Hardin, Russell(1989), "Why a Constitution?" in Bernard Grofman and David Wittman eds., ***The Federalist Papers and the New Institutionalism***, New York: Agathon Press.

44 Hall, Peter and Daivd Soskice, eds.(2001), ***Varieties of Capitalism: The***

Institutional Foundations of Comparative Advantage, New York: Oxford University Press.

45 Arthur, Brian W(1994), ***Increasing Returns and Path Dependence in the Economy***, Michigan, Ann Arbor: University of Michigan Press.

46 Myerson, Roger(2009), "Learning From Schelling's Strategy of Conflict," ***Journal of Economic Literature*** 47(4): 1109-1125.

47 숫자 맞추기 게임의 예는 Schelling, Thomas(1960), ***The Strategy of Conflict***, Cambridge: Harvard University Press 참조.

48 Boix, Carles(2015), ***Political Order and Inequality***, New York: Cambridge University Press.

49 Boix, Carles(2003), ***Democracy and Redistribution***, Cambridge: Cambridge University Press; Ross, Michael(2001), "Does Oil Hinder Democracy?" ***World Politics*** 53(April): 325-361.

50 Skocpol, Theda(1979), ***State and Social Revolutions***, Cambridge: Cambridge University Press. 사회과학계에서 역사적 변화는 주로 외생적 충격으로 사후적으로만 설명된다. 이를 극복하고자 하는 주목할 만한 시도로 Grief, Avner. and David Laitin(2004), "A Theory of Endogenous Institutional Change," ***American Political Science Review*** 98(4): 633-652.

51 그러나 카카오톡 역시 다수의 선택에 편승하려는 강한 이해를 만든다. 카카오톡 이용자가 늘어날 때마다 이용자 둘 사이의 연결선은 지수적으로 증가한다. 간단히 고등학교에서 배운 수학의 조합combination으로 이해할 수 있다. 전화의 총 연결선은 nC_2로, 값은 n(n-1)/2이다. 사용자가 한 명 더 늘어나면 (n+1)n/2로 변한다. 연결선의 지수적 증가로 인해 이용자가 증가할수록 그다음 사람이 카카오톡을 사용할 유인은 더욱 커진다.

52 Frank, Robert and Philip Cook(1996), ***The Winner-Take-All Society: Why the Few at the Top Get So Much More Than the Rest of Us***, New York: Penguin Books.

53 Rosen, Sherwin(1981), "Economics of Superstars," ***The American Economic Review***, 71(5): 845-858.

54 조지 오웰, 김기혁 옮김(2019), 『1984』, 문학동네.

55 박경미(2009), 『수학콘서트 플러스』, 김영사.

56 Barabasi, Albert-Lazzlo(2018), ***The Formula***, New York: Little, Brown and Company.

57 Christian, Brian and Tom Griffiths(2016), ***Live by Algorithms: The Computer Science of Human Decisions***, New York: Henry Holt and Co.

58 Taleb, Nassim(2007), ***The Black Swan: The Impact of the Highly Improbable***, New York: Random House.

59 선택의 상호 의존이 작동하는 이유는 사례마다 상이하다. 낯선 도시에 출장을 간 당신이 저녁을 먹으러 나간다. 거리를 돌며 식당마다 손님이 얼마나 있는지를 유심히 살펴본다. 다른 이의 행동에 의거하여 불확실성에 대처하는 사회적 학습이다. 이에 대해서는 Berger, Jonah(2013), ***Contagious: Why Things Catch on***, New York: Simon&Schuster 참조. 지역 환경이 무질서할 경우 잠재적 범죄자는 지역 주민들의 신고 정신이 미약하고 서로 돌보지 않는다고 짐작한다. 이런 까닭에 다수의 사소한 범법행위가 심각한 범죄를 유인한다. 범죄학의 유명한 '깨진 창문 이론'의 시발적 논의로 Wilson, James Q. and George L. Kelling(1982), "Broken Windows: The Police and Neighborhood Safety," ***The Atlantic Monthly***(March) 참조. 실제 뉴욕시는 이 이론에 의거하여 범죄와의 전쟁에 성공하기 위해 무질서 사범을 처벌하는 데 주안점을 두었다. 이후 뉴욕시의 중범죄율은 급전직하했다. 이에 대한 흥미로운 묘사로 Gladwell, Malcom(2006), ***Tipping Point***, New York: Little, Brown and Company 참조.

60 공동이라는 용어를 쓰는 이유는 공유shared knowledge와 구분 짓기 위해서다. 우리는 공동과 공유의 분명한 차이를 직감적으로 안다. 그렇기 때문에 우리는 껄끄러운 고백을 할 때 애매모호하게 얼버무려 서로의 인식이 공동지식 전 단계에서 멈추도록 한다. 간접화법의 다양한 예로 Pinker, Steven, Martin Nowak, James Lee(2008), "The Logic of Indirect Speech," ***PNAS*** 105(3): 833-838 참조.

61 Schelling, Thomas(1960), ***The Strategy of Conflict***, Cambridge: Harvard University Press.

62 이솝, 천병희 옮김(2013), 『이솝우화』, 숲.

63 한병진(2020), "독재의 권력투쟁에 관한 비교연구: 북한, 소련, 중국, 이라크, 시리아 사례를 중심으로," 『국제지역연구』 29권 2호: 39-64.

64 Thomas, Kyle A., Peter DeScioli, Omar Sultan Haque, and Steven Pinker(2014), "The Psychology of Coordination and Common Knowledge," ***Journal of Personality and Social Psychology*** 107(4):657 – 676.

65 Pinker, Steven(2008), ***Stuff of Thought: Language at a Window into Human Nature***, New York: Penguin Books.

66 Chwe, Michael Suk-Young(2001), ***Rational Ritual: Culture, Coordination, and Common Knowledge***, Princeton: Princeton University Press.

67 위험한 집단행동에서 핵심 대중의 중요성을 체계적으로 논의한 연구로 Oliver, Pamela, Gerad Marwell, Ruy Teixeira(1993), "A Theory of the Critical Mass I. Interdependence, Group Heterogeneity and the Production of Collective Action," ***The American Journal of Sociology*** 91(3): 522-556 참조.

68 이 이야기는 다음을 참조. Merton, Robert(1948), "The Self-Fulfilling Prophecy," ***The Antioch Review*** 8(2): 193-210.

69 올레크 V. 흘레브뉴크, 유나영 옮김(2017), 『스탈린: 독재자의 새로운 얼굴』, 삼인.

70 인간적으로 이해가 되는 측면도 있다. 말기 암으로 시한부를 선고받은 환자들이 유산을 정리하지 않고 죽는 바람에 자식들 사이에 다툼이 벌이지곤 한다. 하물며 모든 신민을 호령했던 자이기에 죽음의 문턱에서 이를 실감하기란 어려우리라. 권력에 대한 의지만큼이나 마지막 순간까지 자신의 죽음을 부정하는 마음에 후계자 문제를 미루는 것이라고 상상할 만하다.

71 서로가 서로를 관찰하면서 정치적 태도가 과격해지는 공명실 효과를 응용하여 이슬람근본주의 운동을 분석한 연구로 Sageman, Marc(2008), ***Leaderless Jihad***, Pennsylvania: University of Pennsylvania Press 참조.

72 Hough, Jerry and Merle Fainsod(1979), ***How the Soviet Union Is Governed***, Cambridge: Harvard University Press.

73 Roeder, Philip G.(1993), ***Red Sunset: the Failure of Soviet Politics***, Princeton, NJ: Princeton University Press.

74 Hough, Jerry and Merle Fainsod(1979), ***How the Soviet Union Is Governed***, Cambridge: Harvard University Press.

75 한병진·임석준(2014), "조정, 독재 권력 형성과 변동의 미시적 기초," 『현대정치연구』 7권1호: 142-163.

76 Breslauer, George W.(1982), ***Khrushchev and Brezhnev as Leaders: Building Authority in Soviet Politics***, London: Hoffmann; Erik and Robbin F. Laird, eds.(1984), ***Soviet Polity in the Modern Era***, New York: Aldine de Gruyter.

77 Bunce, Valerie(1983), "The Political Economy of Brezhnev Era: The Rise and Fall of Corporatism," ***British Journal of Political Science*** 13(2): 129-158.

78 Roeder, Philip G.(1993), ***Red Sunset: the Failure of Soviet Politics***, Princeton, NJ:

Princeton University Press. 소련의 정치개혁과 시장개혁의 동시 추진과 달리 중국의 정치개혁 없는 시장개혁 전략이 가능한 이유로 엘리트의 집단적 저항력이 상대적으로 약했기 때문이라는 분석으로 Shirk, Susan(1993), ***The Political Logic of Economic Reform in China***, Berkeley: University of California Press 참조. 시장개혁 당시 소련의 집단독재가 중국에 비해 훨씬 공고했다는 점에는 학자들 사이에 별 이견이 없다.

79 Bates, Robert(2004), "On the Politics of Property Rights by Harber, Razo, and Mauer," ***Journal of Economic Literature*** 42(2): 494-500.

80 Lijphart, Arend(1999), ***Patterns of Democracy***, New Haven: Yale University Press; Strom, Kaare(1990), "A Behavioral Theory of Competitive Political Parties," ***American Journal of Political Science*** 34(2): 565-598; Tsebellis, George(2002), ***Veto Players: How Political Institutions Work***, Princeton: Princeton University Press.

81 이 게임은 다음의 책에서 재인용하고 있다. Frank, Robert and Philip Cook(1996), ***The Winner-Take-All Society: Why the Few at the Top Get So Much More Than the Rest of Us***, New York: Penguin Books.

82 만족을 추구하는 경제 행위에 대한 연구로 Kahneman, Daniel and Amos Tversky(2000), ***Choices, Values, and Frames***, New York: Cambridge University Press; Thaler, Richard H.(2015), ***Misbehaving: The Making of Behavioral Economics***, New York: W.W. Norton & Company 참조. 소설 『운수좋은 날』의 인력거꾼은 막연하게 세상은 균형을 맞추려 한다는 믿음을 가진 이로 볼 수 있다. 계속된 행운이 그의 마음을 불안하게 한다. 이는 홀짝 게임에서 홀수가 계속 나왔으니 다음에는 짝수가 나올 것이라 믿는 소위 도박사의 오류를 닮았다.

83 이성 교재에서는 만족자가 극대화자에게 협상력의 우위를 점한다. 만족자는 훨씬 많은 대안을 누리고 극대화자는 후보 집단의 크기에 상관없이 상위 몇 명만을 고집하기 때문이다.

84 Boix, Carles(2015), ***Political Order and Inequality***, New York: Cambridge University Press; Levy, Jack S.(1984), "The Offensive/Defensive Balance of Military Technology: A Theoretical and Historical Analysis," ***International Studies Quarterly*** 28(2): 219-238.

85 Kahneman, Daniel(2011), ***Thinking, Fast and Slow***, New York: Farrar. Straus and Giroux.

86 Frank, Robert(2016), ***Success and Luck: Good Fortune and the Myth of***

Meritocracy, Princeton: Princeton University Press.

87 Mauboussin, Michael(2012), ***The Success Equation: Untangling Skill and Luck in Business, Sports, and Investing***, Cambridge: Harvard University Press.

88 Orlin, Ben(2018), ***Math with Bad Drawings: Illuminating the Ideas that Shape our Reality***, New York: Black Dog & Leventhal Publishers.

89 Orlin, Ben(2018), ***Math with Bad Drawings: Illuminating the Ideas that Shape our Reality***, New York: Black Dog & Leventhal Publishers.

90 꼬리에 꼬리를 무는 상호 의존성이 강한 사건의 경우 사건의 배열 순서 역시 중요한 변수다. 객차 안으로 하얀 연기가 들어온다. 몇몇이 아무렇지 않은 듯 점잖게 앉아 있으니 맞은편 사람도 그냥 가만히 있기로 한다. 그래서 그 옆의 겁 많은 이도 두려움을 억누르고 있다. 만약 대구 지하철 참사에서 처음 승객 몇몇이 다소나마 호들갑스럽게 소리를 지르며 지하철 문을 열고 뛰어내렸더라면 상황은 완전히 달라졌을 것이다. 이처럼 다른 사람의 선택이 나의 선택에 큰 영향을 미치는 경우 태도나 선호도의 평균이 아니라 우연한 배열 순서가 결과를 좌우한다. 그래서 선택의 상호 의존성이 강한 사회적 사건은 사전적으로 결과를 예측하기 어렵다.

91 Cox, Gary W(1997), ***Making Votes Count: Strategic Coordination in the World's Electoral Systems***, New York: Cambridge University Press.

92 Fearon, James(1995), "Rationalist Explanation for War," ***International Organization*** 49(3): 379-414.

93 제비뽑기로 짝짓기를 하는데 전쟁의 신은 마지막 순번에서 하나 남은 오만을 뽑고, 그를 너무나 사랑하여 그가 가는 곳이면 어디든 따라간다는《이솝우화》와 일맥상통한다.

94 미국 주요 기업의 CEO의 성향을 조사한 연구에서 이 가능성을 간접적으로 엿볼 수 있다. Chamorro-Premuzic, Tomas(2019), ***Why Do So Many Incompetent Men Become Leaders?: (And How to Fix It)***, Brighton, Massachusetts: Harvard Business Review Press. 연구는 과도한 자신감과 반사회적 성향을 지닌 CEO의 비율이 일반인에 비해 높다고 밝히고 있다.

95 신동준(2011), 『후흑학: 승자의 역사를 만드는 뻔뻔함과 음흉함의 미학』, 위즈덤하우스.

96 Kunda, Ziva(1999), ***Social Cognition: Making Sense of People***, Cambridge: MIT Press.

97 Sunstein, Cass R.(2009), ***Going to Extremes: How Like Minds Unite and***

Divide, Oxford: Oxford University Press.

98 한비, 이운구 옮김(2012), 『한비자』, 한길사.

99 Powell, Robert(1991), "Absolute and Relative Gains in International Relations Theory," ***American Political Science Review*** 85(4): 1303-1320; Snidal, Duncan(1991), "Relative Gains and the Pattern of International Cooperation," ***American Political Science Review*** 85(3): 701-726.

100 게임 이론에 따르면 이는 다음 라운드가 없는 일회성 죄수의 딜레마 게임이다. 이 경우 오직 배신만이 지배 전략이다. 죄수의 딜레마 게임에서 협력의 필요조건으로 게임의 반복성을 밝힌 고전적 연구로 Axelord, Robert(1984), ***The Evolution of Cooperation***, New York: Basic Books 참조.

101 이솝, 천병희 옮김(2013), 『이솝우화』, 숲.

102 임원빈(2005), 『이순신 병법을 논하다: 그는 군신이었다』, 신서원.

103 전쟁에서 국가 사이의 힘의 비율 혹은 차이로 계산하는 문제에 대한 심도 있는 논의로 Hirschleifer, Jack(2001), ***The Dark Side of Force***, New York: Cambridge University Press 참조.

104 샤츠슈나이더의 『절반의 인민주권』에서 밝히고 있듯이 우리의 오지랖과 갈등의 전염성 때문에 못된 녀석들에게 구경꾼들은 골치 아프다. Schattschneider, Elmer E.(1975), ***The Semisovereign People: A Realist's View of Democracy in America***, Belmont, California: Wadsworth Publishing.

105 먼 미래의 사건일수록 바람직스러움desirability의 입장에서 생각하는 경향이 있음을 인지심리학이 경험적으로 밝히고 있다. 막상 사건이 일어나는 순간 과거의 규범적 선택을 후회하는 이유다. Fiske, Susan, and Shelley E Taylor(2013), ***Social Cognition: From Brains to Culture***, New York: Sage.

106 Hamilton, Alexander, James Madison, John Jay(2015), ***The Federalist Papers: A Collection of Essays Written in Favour of the New Constitution***, Dublin, Ohio: Coventry House Publishing.

107 정치적 지위를 이용해 정치·경제·사회·문화의 주요한 희소 자원에 대한 사회 구성원의 접근을 통제할 수 있는 정치적 독점political monopoly은 국유재산과 일당 독재에 기초한 공산주의에서 정점을 찍는다. 정치적 독점에 대한 논의로 Medina, Luis Ferdinando and Susan C. Stokes(2007), "Monopoly and Monitoring: An Approach to Political Clientelism," in Herbert Kitschelt and Steven Wilkinson, eds., ***Patrons, Clients, and Policies***, Cambridge: Cambridge University Press 참조.

108 Sakwa, Richard(1989), ***Soviet Politics in Perspective***, London: Routledge.

109 이러한 내부로부터 소련의 붕괴 과정을 연구한 고전적 연구로 Solnick, Steven L.(1998), ***Stealing the State: Control and Collapse in Soviet Institutions***, New York: Cambridge University Press 참조.

110 Christian, Brian and Tom Griffiths(2016), ***Live by Algorithms: The Computer Science of Human Decisions***, New York: Henry Holt and Co.

111 스티븐 그린블랫, 이종인 옮김(2020), 『폭군』, 비잉.

112 조지 오웰, 김기혁 옮김(2019), 『1984』, 문학동네.

113 Hume, David(1748), ***Political Essays***, New York: Cambridge University Press. 참고로 원문은 다음과 같다. When an artful and bold man is placed at the heart of an army or faction, it is often easy for him, by employing sometimes violence, sometimes false pretenses, to establish his dominion over a people a hundred times more numerous than his partisans. He allows no such open communication that his enemies can know with certainty their number or force. He gives them no leisure to assemble together in a body to oppose him. Even all those who are the instruments of his usurpation may wish his fall but their ignorance of each other's intention keeps them in awe and is the sole cause of his security.

114 스스로 손발을 묶어 행동의 자유를 제약하는 전략을 자기구속self-commitment이라 부른다. 치킨 게임에서 사용할 수 있는 다양한 자기구속 기술에 대한 고전적 논의로 Schelling, Thomas(1960), ***The Strategy of Conflict***, Cambridge: Harvard University Press.

115 Myerson, Roger(2008), "The Autocrat's Credibility Problem and Foundations of the Constitutional State," ***American Political Science Review*** 102(1): 125-139.

116 여론을 추종한 위선적인 공적 행위로 모두가 모두를 오해하는 상황에 대한 예시와 논의로 Miller, Dale T., Benoit Monin, and Deborah A. Prentice(2000), "Pluralistic Ignorance and Inconsistency Between Private Attitudes and Public Behaviors," in Deborah Terry, ed., ***Attitudes, Behavior, and Social Context: The Role of Norms and Group Membership***, Mahwah, NJ: Lawrence Erlbaum Associates 참조.

117 라종일(2016), 『장성택의 길: 신정의 불온한 경계인』, 알마.

118 한병진(2017), "권력투쟁의 미시적 작동원리에 대한 이론적 고찰," 『사회과학연구』 제28권 3호: 141-156.

119 한병진(2020), "독재의 권력투쟁에 관한 비교연구: 북한, 소련, 중국, 이라크, 시

리아 사례를 중심으로," 『국제지역연구』 29권 2호: 39-64.

120 Riker, William H.(1962), ***The Theory of Political Coalitions***, New Haven: Yale University Press.

121 구슬 주머니 이야기는 독재정치 이론에 획기적 기여를 한 선택권 집단 이론 selectorate theory을 풀어서 설명하고 있다. Bueno de Mesquita, Bruce, Alastair Smith, Randolph M. Siverson, James D. Morrow(2003), ***The Logic of Political Survival***, Cambridge: MIT Press.

122 이 부분을 구성할 수 있도록 단초를 제공한 책으로 Mauboussin, Michael(2012), ***The Success Equation: Untangling Skill and Luck in Business, Sports, and Investing***, Cambridge: Harvard University Press.

123 Haber, Stephen(2006), "Authoritarian Government," in Barry Weingast and Donald Wittman, eds., ***The Oxford Handbook of Political Economy***, Oxford: Oxford University Press.

124 조영남(2019), 『중국의 엘리트 정치』, 민음사.

125 등비수열의 합의 공식은 다음과 같이 도출된다.

$$
\begin{array}{rl}
Sn = & 1 + r + r\times r + r\times r\times r \cdots + r^{(n-1)} \\
-rSn = & r + r\times r + r\times r\times r \cdots + r^{(n-1)} + r^{n} \\
\hline
(1-r)Sn = & 1 - r^{n}
\end{array}
$$

0〈r〈1일 때 r^n은 0으로 수렴한다. 따라서 최종 결과값은 1/(1-r)이다. r은 본문에서 확률 p다. 확률 p는 0에서 1사이에 존재하는 값이다.

126 Axelord, Robert(1984), ***The Evolution of Cooperation***, New York: Basic Books.

127 니콜로 마키아벨리, 강정인·김경희 옮김(2011), 『군주론』, 까치.

128 이솝, 천병희 옮김(2013), 『이솝우화』, 숲.

129 원래 정치철학자 흄의 예시로 다음의 책에서 재인용. Taleb, Nassim(2007), ***The Black Swan: The Impact of the Highly Improbable***, New York: Random House.

130 Gilbert, Daniel(1991), "How Mental Systems Believe," ***American Psychologist*** 46(2): 111-119.

131 데이비드 핸드, 전대호 옮김(2016), 『신은 주사위 놀이를 하지 않는다』, 더퀘스트.

132 행위자의 합리성을 가정하는 경제학자들은 주로 선견지명과 회의적 태도를 전제하고 엘리트의 선제공격 가능성을 매우 높게 본다. Myerson, Roger(2008), "The Autocrat's Credibility Problem and Foundations of the Constitutional State," ***American***

Political Science Review 102(1): 125-139.

133 스티븐 그린블랫, 이종인 옮김(2020), 『폭군』, 비잉.

134 니콜로 마키아벨리, 강정인·김경희 옮김(2011), 『군주론』, 까치.

135 스티븐 그린블랫, 이종인 옮김(2020), 『폭군』, 비잉.

136 스티븐 그린블랫, 이종인 옮김(2020), 『폭군』, 비잉.

137 정보의 불확실성이 독재자에게 전략적 우위를 제공한다는 주장으로 Svolik, Milan W.(2012), ***The Politics of Authoritarian Rule***, Cambridge: Cambridge University Press.

138 Daniels, Robert(1990), ***The Stalin Revolution***, Lexington: Heath & Co.

139 백학순(2010), 『북한 권력의 역사: 사상, 정체성, 구조』, 한울.

140 백학순(2010), 『북한 권력의 역사: 사상, 정체성, 구조』, 한울.

141 백학순(2010), 『북한 권력의 역사: 사상, 정체성, 구조』, 한울.

142 백학순(2010), 『북한 권력의 역사: 사상, 정체성, 구조』, 한울.

143 MacFarquhar, Roderick ed.(1997), ***The Politics of China: The Eras of Mao and Deng***, New York: Cambridge University Press.

144 조영남(2019), 『중국의 엘리트 정치』, 민음사.

145 Teiwes, Frederick C.(2001), "Normal Politics with Chinese Characteristics," ***The China Journal*** 45: 69-82.

146 조영남(2019), 『중국의 엘리트 정치』, 민음사.

147 조영남(2019), 『중국의 엘리트 정치』, 민음사.

148 Schapiro, Leonard(1959), ***The Communist Party of the Soviet Union***, New York: Random House.

149 Sakwa, Richard(1989), ***Soviet Politics in Perspective***, London: Routledge.

150 올레크 V. 흘레브뉴크, 유나영 옮김(2017), 『스탈린: 독재자의 새로운 얼굴』, 삼인.

151 Coughlin, Con(2002), ***Saddam: His Rise and Fall***, New York: Harper.

152 Coughlin, Con(2002), ***Saddam: His Rise and Fall***, New York: Harper.

153 Hough, Jerry and Merle Fainsod(1979), ***How the Soviet Union Is Governed***, Cambridge: Harvard University Press.

154 독재자를 집단적 결정으로 선출한 선례의 유무가 세습독재에 결정적이라는 연구로 Brownlee, Jason(2007), "Hereditary Succession in Modern Autocracies," ***World Politics*** 59(4): 595-628.

155 Coughlin, Con(2002), ***Saddam: His Rise and Fall***, New York: Harper.

156 시위에서 관찰 가능성을 확보하기 위해 실제 사용한 다양한 기법을 소개하는 책으로 Popovic, Srdja(2015), ***Blueprint for Revolution: How to Use Rice Pudding, Lego Men, and Other Nonviolent Techniques to Galvanize Communities, Overthrow Dictators, or Simply Change the World***, New York: Spiegel & Grau 참조.

157 Granovetter, Mark(1978), "Threshold Models of Collective Behavior," ***The American Journal of Sociology*** 83(6): 1420-1443.

158 Kuran, Timur(1991), "Now out of Never: the Element of Surprise in the East European Revolution of 1989," ***World Politics*** 44(1): 7-48; Kuran, Timur(1995), ***Private Truths, Public Lies: The Social Consequences of Preference Falsification***, Cambridge: Harvard University Press.

159 형법적 관점에서 보면 정치범에 대한 최소 처벌minium punishment의 수준이 상당히 극단적이다. 최소 처벌의 정의와 정치적 효과에 대한 논의로 Shadmehr, Mehdi(2015), "Extremism in Revolutionary Movement," ***Games and Economic Behavior*** 94(C): 97-121.

160 조지 오웰, 김기혁 옮김(2019), 『1984』, 문학동네.

161 니콜로 마키아벨리, 강정인·김경희 옮김(2011), 『군주론』, 까치.

162 라종일(2016), 『장성택의 길: 신정의 불온한 경계인』, 알마.

163 권헌익·정병호(2013), 『극장국가 북한』, 창비.

164 한병진(2016), "북한정치의 심리학적 고찰," 『제주평화연구원 정책포럼』 5권: 1-10.

165 Kunda, Ziva(1999), ***Social Cognition: Making Sense of People***, Cambridge: MIT Press.

166 이종석(2000), 『북한-중국관계 1945-2000』, 중심.

167 백학순(2010), 『북한 권력의 역사: 사상, 정체성, 구조』, 한울.

168 권력투쟁의 무기가 아니라 결과의 반영으로 개인 우상화를 해석하는 시도로 Svolik, Milan W.(2012), ***The Politics of Authoritarian Rule***, Cambridge: Cambridge University Press.

169 태영호(2018), 『3층 서기실의 암호』, 기파랑.

170 핵을 중심으로 혼란스럽게 혼자 돌고 도는 원자처럼 1, 2차 사회조직이 파괴된 벌거벗은 사회에서 절대 권력에 복종하는 개인을 묘사한 고전으로 Arendt,

Hannah(2017), ***The Origins of Totalitarianism***, New York: Penguin Classics; 전체주의 조직이 사적 관계망을 철저히 금지하는 양상에 대한 연구로 Nahirny, Vladimir(1962), "Some Observations on Ideological Groups," ***Journal of American Sociology*** 67(4): 397-405.

171 1980년대 소련의 이중 경제, 그림자 경제를 염두에 둔 상상이다. Hewett, Ed.(1988), ***Reforming the Soviet Economy: Equality vs. Efficiency***, Washington, D.C.: Brookings Institution Press.

172 원래 재산권이란 게 그리 단순하지 않다. 한번 생각해보자. 교수는 자신의 연구실을 자기 것처럼 사용한다. 여기저기 가구도 배치하고 바닥에 마루를 깔기도 한다(사용권). 그렇지만 연구실을 누구에게 세놓을(수익권) 수는 없다. 공산당 엘리트는 국유재산의 사용권과 수익권을 사적으로 누리지만 처분권을 갖지 못한 자들이라 할 수 있다.

173 국가 재정을 보다 많이, 보다 먼저 확보하기 위한 관료적 이기주의가 거대한 건물, 공장, 다리를 만들었다는 분석으로 Roland, Gerard(2000), ***Transition and Economics***, Cambridge: MIT Press.

174 정치적 덕을 두고 벌이는 경쟁은 결국 연줄 사회를 만든다. Walder, Andrew G.(1988), ***Communist Neo-Traditionalism: Work and Authority in Chinese Industry***, California: University of California Press.

175 Akerlof, Gorge A.(1970), "The Market for Lemons: Quality Uncertainty and the Market Mechanism," ***Quarterly Journal of Economics*** 84(3): 488-500.

176 Solnick, Steven L.(1998), ***Stealing the State: Control and Collapse in Soviet Institutions***, New York: Cambridge University Press.

177 Hewett, Ed.(1988), ***Reforming the Soviet Economy: Equality vs. Efficiency***, Washington, D.C.: Brookings Institution Press.

178 Hirschman, Albert(1993), "Exit, Voice, and the Fate of the German Democratic Republic: an Essay in Conceptual History," ***World Politics*** 45(1): 173-2002.

179 한병진(2010), "합리주의적 국가 건설론과 한국적 함의," 『세계지역연구논총』 28집 3호: 317-336.

180 Reno, William(1999), ***Warlord Politics and African States***, New York: Lynne Rienner Publishers; Ross

181 소련 붕괴 직전 부패가 급속히 확산하는 양상에 대한 분석으로 Murphy, Kevin, Andrei Shleifer, and Robert Vishny(1992), "The Transition to a Market Economy:

Pitfalls of Partial Reform," ***Quarterly Journal of Economics*** 107(3): 889-906; 중국과 러시아(소련)의 부패를 비교한 연구로 Sun, Yan(1999), "Reform, State, and Corruption: Is Corruption Less Destructive in China Than in Russia?" ***Comparative Politics*** 32(1): 1-20.

182 Gong, Ting(1997), "Forms and Characteristics of China's Corruption in the 1990s: Change with Continuity," ***Communist and Post-Communist Studies*** 30(3): 277-88; Manion, Melanie(2004), ***Corruption by Design***, Cambridge: Harvard University Press.

183 Pape, Robert(2006), ***Dying to Win: The Strategic Logic of Suicide Terrorism***, New York: Random House.

184 Davis, James(1962), "Toward a Theory of Revolution," ***American Sociological Review*** 27(1): 5-19; De Tocqueville, Alexis(1856), ***The Old Regime and the Revolution***, New York: Harper and Brothers.

185 Bueno de Mesquita, Bruce and Alastair Smith(2011), ***The Dictator's Handbook: Why Bad Behavior Is Almost Always Good Politics***, New York: Public Affairs.

186 Buchanan, Mark(2000), ***Ubiquity: Why Catastrophes Happen***, New York: Three Rivers Press.

187 총서기장 고르바초프가 행한 다양한 결정과 실수에 대한 연구로 Hough, Jerry(1997), ***Democratization and Revolution in the USSR***, 1985-1991, Washington, D.C.: Brookings Institution Press.

188 Bueno de Mesquita, Bruce and Alastair Smith(2011), ***The Dictator's Handbook: Why Bad Behavior Is Almost Always Good Politics***, New York: Public Affairs.

189 올레크 V. 흘레브뉴크, 유나영 옮김(2017), 『스탈린: 독재자의 새로운 얼굴』, 삼인; Coughlin, Con(2002), ***Saddam: His Rise and Fall***, New York: Harper.

190 스티븐 그린블랫, 이종인 옮김(2020), 『폭군』, 비잉.

191 인仁에 대한 위의 정의는 Michael Puett and Christine Gross-Loh(2016), ***The Path: What Chinese Philosopher Can Teach Us about the Good Life***, New York: Simon & Schuster.

참고문헌

국내 단행본 및 논문

공자 지음, 김학주 옮김, 『논어』, 서울대학교 출판부, 2001.

국사편찬위원회 편집부 엮음, 『한국사 23: 조선 초기의 정치구조』, 국사편찬위원회, 1994.

권헌익·정병호 지음, 『극장국가 북한: 카리스마 권력은 어떻게 세습되는가』, 창비, 2013.

나심 니콜라스 탈레브 지음, 이건 옮김, 『행운에 속지 마라: 불확실한 시대에 살아남는 투자 생존법』, 중앙북스, 2016.

노병천 지음, 『도해 손자병법』, 연경문화사, 2001.

니콜로 마키아벨리 지음, 강정인·김경희 옮김, 『군주론』, 까치, 2011.

데이비드 핸드 지음, 전대호 옮김, 『신은 주사위 놀이를 하지 않는다』, 더퀘스트, 2014.

라종일 지음, 『장성택의 길: 신정의 불온한 경계인』, 알마, 2016.

박경미 지음, 『수학콘서트 플러스』, 김영사, 2009.

박찬희·한순구 지음, 『인생을 바꾸는 게임의 법칙』, 경문사, 2005.

백학순 지음, 『북한 권력의 역사: 사상, 정체성, 구조』, 한울, 2010.

서대숙 지음, 서주석 옮김, 『김일성: 북한의 지도자』, 청계연구소, 1989.

신동준 지음, 『후흑학: 승자의 역사를 만드는 뻔뻔함과 음융함의 미학』, 위즈덤하우스, 2011.

스티븐 그린블랫 지음, 이종인 옮김, 『폭군』, 비잉, 2020.

올레크 V. 흘레브뉴크 지음, 유나영 옮김, 『스탈린: 독재자의 새로운 얼굴』, 삼인, 2017.

이숍 지음, 천병희 옮김, 『이솝우화』, 숲, 2013.

이종석 지음, 『북한-중국관계 1945-2000』, 중심, 2000.

이종석 지음, 『새롭게 쓴 현대 북한의 이해』, 역사비평사, 2000.
임원빈 지음, 『이순신 병법을 논하다: 그는 군신이었다』, 신서원, 2005.
임혁백 지음, "유신의 역사적 기원: 박정희의 마키아벨리적인 시간(상)," 『한국정치연구』 제13집 2호, 2004.
조갑제 지음, 『노태우 육성회고록』, 조갑제닷컴, 2007.
조영남 지음, 『중국의 엘리트 정치』, 민음사, 2019.
조지 오웰 지음, 김기혁 옮김, 『1984』, 문학동네, 2019.
태영호 지음, 『3층 서기실의 암호』, 기파랑, 2018.
한배호 지음, "제1공화국의 정치체제," 한배호 편, 『현대 한국 정치론 Ⅰ: 제1공화국의 국가 형성, 정치과정, 정책』, 나남, 1990.
한병진 지음, "엘리트의 지대추구 유형과 정권의 변동: 러시아, 북한, 중국의 사례 연구," 『국제·지역연구』, 15권 4호, 2006.
한병진 지음, "미국 헌정질서, 법치 민주주의 삼위일체: 애커만의 이중 민주주의론을 중심으로," 『대한정치학회보』 제14권 3호, 2007.
한병진 지음, "한국 선거 권위주의의 정치동학," 『대한정치학회보』 제17집 3호, 2010.
한병진 지음, "합리주의적 국가건설론과 한국적 함의," 『세계지역연구논총』 28집 3호, 2010.
한병진 지음, "북한정치의 심리학적 고찰," 『제주평화연구원 정책포럼』 5권, 2016.
한병진 지음, "권력투쟁의 미시적 작동원리에 대한 이론적 고찰," 『사회과학연구』 제28권 3호, 2017.
한병진 지음, "독재의 권력투쟁에 관한 비교연구: 북한, 소련, 중국, 이라크, 시리아 사례를 중심으로," 『국제지역연구』 29권 2호, 2020.
한병진·임석준 지음, "조정, 독재권력 형성과 변동의 미시적 기초," 『현대정치연구』 7권 1호, 2014.
한비 지음, 이운구 옮김, 『한비자』, 한길사, 2012.

해외 단행본 및 논문

Acemoglu, Daron and James A. Robinson, ***Economic Origins of Dictatorship and Democracy***, Cambridge: Cambridge University Press, 2005.

Ackerman, Bruce, ***We the People***, New York: Cambridge University Press, 1991.

Akerlof, Gorge A., "The Market for Lemons: Quality Uncertainty and the Market Mechanism," ***Quarterly Journal of Economics*** 84(3), 1970.

Arendt, Hannah, ***The Origins of Totalitarianism***, New York: Penguin Classics, 2017.

Arthur, Brian W, ***Increasing Returns and Path Dependence in the Economy***, Michigan, Ann Arbor: University of Michigan Press, 1994.

Axelord, Robert, ***The Evolution of Cooperation***, New York: Basic Books, 1984.

Barabasi, Albert-Lazzlo, ***The Formula***, New York: Little, Brown and Company, 2018.

Bates, Robert, "On the Politics of Property Rights by Harber, Razo, and Mauer," ***Journal of Economic Literature*** 42(2), 2004.

Bates, Robert H., Avner Greif, and Smita Singh, "Organizing Violence," ***Journal of Conflict Resolution*** 46(5), 2002.

Berger, Jonah, ***Contagious: Why Things Catch on***, New York: Simon & Schuster, 2013.

Boix, Carles, ***Democracy and Redistribution***, New York: Cambridge University Press, 2003.

Boix, Carles, ***Political Order and Inequality***, New York: Cambridge University Press, 2015.

Bratton, Michael and Nicolas Van de Walle, "Neopatrimonial Regimes and Political Transitions in Africa," ***World Politics*** 46(4), 1994.

Breslauer, George W., ***Khrushchev and Brezhnev as Leaders: Building Authority in Soviet Politics***, London: Allen & Unwin, 1982.

Brownlee, Jason, "Hereditary Succession in Modern Autocracies," ***World Politics***, 59(4), 2007.

Buchanan, Mark, ***Ubiquity: Why Catastrophes Happen***, New York: Three Rivers Press, 2000.

Bueno de Mesquita, Bruce and Alastair Smith, ***The Dictator's Handbook: Why Bad Behavior Is Almost Always Good Politics***, New York: Public Affairs, 2011.

Bueno de Mesquita, Bruce, Alastair Smith, Randolph M. Siverson, James D. Morrow, ***The Logic of Political Survival***, Cambridge: MIT Press, 2003.

Bunce, Valerie, "The Political Economy of Brezhnev Era: The Rise and Fall of Corporatism," ***British Journal of Political Science*** 13(2), 1983.

Chamorro-Premuzic, Tomas, ***Why Do So Many Incompetent Men Become Leaders?: (And How to Fix It)***, Brighton, Massachusetts: Harvard Business Review Press, 2019.

Christian, Brian and Tom Griffiths, ***Live by Algorithms: The Computer Science of Human Decisions***, New York: Henry Holt and Co, 2016.

Chwe, Michael Suk-Young, ***Rational Ritual: Culture, Coordination, and Common Knowledge***, Princeton: Princeton University Press, 2001.

Coughlin, Con, ***Saddam: His Rise and Fall***, New York: Harper, 2002.

Cox, Gary W, ***Making Votes Count: Strategic Coordination in the World's Electoral Systems***, New York: Cambridge University Press, 1997.

Daniels, Robert, ***The Stalin Revolution***, Lexington: Heath & Co, 1990.

Davis, James, "Toward a Theory of Revolution," ***American Sociological Review*** 27(1), 1962.

De Tocqueville, Alexis, ***The Old Regime and the Revolution***, New York: Harper and Brothers, 1856.

Elster, Jon, ***Ulysses Unbounded***, Cambridge: Cambridge University Press, 2000.

Fearon, James, "Rationalist Explanation for War," ***International Organization*** 49(3), 1995.

Fearon, James, "Self-Enforcing Democracy," ***The Quarterly Journal of Economics*** 126(4), 2011.

Fiske, Susan, and Shelley E Taylor, ***Social Cognition: From Brains to Culture***, New York: Sage, 2013.

Frank, Robert, ***Success and Luck: Good Fortune and the Myth of Meritocracy***, Princeton: Princeton University Press, 2016.

Frank, Robert and Philip Cook, ***The Winner-Take-All Society: Why the Few at the Top Get So Much More Than the Rest of Us***, New York: Penguin Books, 1996.

Gilbert, Daniel, "How Mental Systems Believe," ***American Psychologist*** 46(2), 1991.

Gladwell, Malcom, ***Tipping Point***, New York: Little, Brown and Company, 2006.

Gong, Ting, "Forms and Characteristics of China's Corruption in the 1990s: Change with Continuity," ***Communist and Post-Communist Studies*** 30(3), 1997.

Granovetter, Mark, "Threshold Models of Collective Behavior," ***The American Journal***

of Sociology 83(6), 1978.

Grief, Avner and David Laitin, "A Theory of Endogenous Institutional Change," ***American Political Science Review*** 98(4), 2004.

Haber, Stephen, "Authoritarian Government," In Barry Weingast and Donald Wittman, eds., ***The Oxford Handbook of Political Economy***, Oxford: Oxford University Press, 2006.

Hale, Henry E., "Regime Cycles: Democracy, Autocracy, and Revolution in Post-Soviet Eurasia," ***World Politics*** 58(1), 2005.

Hall, Peter and Daivd Soskice, eds., ***Varieties of Capitalism: The Institutional Foundations of Comparative Advantage***, New York: Oxford University Press, 2001.

Hamilton, Alexander, James Madison, John Jay, ***The Federalist Papers: A Collection of Essays Written in Favour of the New Constitution***, Dublin, Ohio: Coventry House Publishing, 2015.

Hardin, Russell, "Why a Constitution?" in Bernard Grofman and David Wittman eds., ***The Federalist Papers and the New Institutionalism***, New York: Agathon Press, 1989.

Hardin, Russell, "Hobbesian Political Order," ***Political Theory*** 19(2), 1991.

Hardin, Russell, ***One for All: The Logic of Group Conflict***, Princeton: Princeton University Press, 1996.

Hewett, Ed., ***Reforming the Soviet Economy: Equality vs. Efficiency***, Washington, D.C.: Brookings Institution Press, 1988.

Hirschleifer, Jack, ***The Dark Side of Force***, New York: Cambridge University Press, 2001.

Hirschman, Albert, "Exit, Voice, and the Fate of the German Democratic Republic: an Essay in Conceptual History," ***World Politics*** 45(1), 1993.

Hoffman, Philip T. and Jean-Laurent Rosenthan, "Divided We Fall: The Political Economy of Warfare and Taxation," Unpublished Manuscript, 2010.

Hoffmann, Erik and Robbin F. Laird, eds., ***Soviet Polity in the Modern Era***, New York: Aldine de Gruyter, 1984.

Hough, Jerry, ***Democratization and Revolution in the USSR, 1985-1991***, Washington, D.C.: Brookings Institution Press, 1997.

Hough, Jerry and Merle Fainsod, ***How the Soviet Union Is Governed***, Cambridge: Harvard University Press, 1979.

Hume, David, ***Political Essays***, New York: Cambridge University Press, 1748.

Kahneman, Daniel, ***Thinking, Fast and Slow***, New York: Farrar. Straus and Giroux, 2011.

Kahneman, Daniel and Amos Tversky, ***Choices, Values, and Frames***, New York: Cambridge University Press, 2000.

Kunda, Ziva, ***Social Cognition: Making Sense of People***, Cambridge: MIT Press, 1999.

Kuran, Timur, "Now out of Never: the Element of Surprise in the East European Revolution of 1989," ***World Politics*** 44(1), 1991.

Kuran, Timur, ***Private Truths, Public Lies: The Social Consequences of Preference Falsification***, Cambridge: Harvard University Press, 1995.

Leeson, Peter T., ***The Invisible Hook: The Hidden Economics of Pirates***, Princeton: Princeton University Press, 2011.

Levy, Jack S., "The Offensive/Defensive Balance of Military Technology: A Theoretical and Historical Analysis," ***International Studies Quarterly*** 28(2), 1984.

Lewis, David, ***Convention***, Cambridge: Harvard University Press, 1969.

Lijphart, Arend, ***Patterns of Democracy***, New Haven: Yale University Press, 1999.

Linz, Juan, ***Totalitarianism and Authoritarian Regimes***, Colorado: Lynne Rienner Publishers, 2000.

MacFarquhar, Roderick ed., ***The Politics of China: The Eras of Mao and Deng***, New York: Cambridge University Press, 1997.

Magaloni. Beatriz, ***Voting for Autocracy***, Cambridge: Cambridge University Press, 2006.

Manion, Melanie, ***Corruption by Design***, Cambridge: Harvard University Press, 2004.

Mauboussin, Michael, ***The Success Equation: Untangling Skill and Luck in Business, Sports, and Investing***, Cambridge: Harvard University Press, 2012.

Mearsheimer, John, ***The Tragedy of Great Power Politics***, New York. W.W Norton & Company, 2014.

Medina, Luis Ferdinando and Susan C. Stokes, "Monopoly and Monitoring: An Approach to Political Clientelism," Herbert Kitschelt and Steven Wilkinson, eds.,

Patrons, Clients, and Policies, Cambridge: Cambridge University Press, 2007.

Merton, Robert, "The Self-Fulfilling Prophecy," ***The Antioch Review*** 8(2), 1948.

Miller, Dale T., Benoit Monin and Deborah A. Prentice, "Pluralistic Ignorance and Inconsistency Between Private Attitudes and Public Behaviors," Deborah Terry, ed., ***Attitudes, Behavior, and Social Context: The Role of Norms and Group Membership***, Mahwah, NJ: Lawrence Erlbaum Associates, 2000.

Murphy, Kevin, Andrei Shleifer, and Robert Vishny, "The Transition to a Market Economy: Pitfalls of Partial Reform," ***Quarterly Journal of Economics*** 107(3), 1992.

Myerson, Roger, "The Autocrat's Credibility Problem and Foundations of the Constitutional State," ***American Political Science Review*** 102(1), 2008.

Myerson, Roger, "Learning From Schelling's Strategy of Conflict," ***Journal of Economic Literature*** 47(4), 2009.

Nahirny, Vladimir, "Some Observations on Ideological Groups," ***Journal of American Sociology*** 67(4), 1962.

Nee, Victor, "Organizational Dynamics of Market Transition: Hybrid Forms, Property Rights, and Mixed Economy in China," ***Administrative Science Quarterly*** 37(1), 1992.

Noelle-Neumann, Elisabeth, ***The Spiral of Silence: Our Social Skin***, Chicago: University of Chicago Press, 1984.

North, Douglass, ***Structure and Change in Economic History***, W. W. Norton & Company, 1981.

North, Douglas and Barry Weingast, "Constitutions and Commitment: The Evolution of Institutions Governing Public Choice in Seventeenth-Century England," ***Journal of Economic History*** 49(4), 1989.

Oliver, Pamela, Gerad Marwell, Ruy Teixeira, "A Theory of the Critical Mass I. Interdependence, Group Heterogeneity and the Production of Collective Action," ***The American Journal of Sociology*** 91(3), 1993.

Olson, Mancur, ***The Logic of Collective Action***, Cambridge: Cambridge University Press, 1965.

Olson, Mancur, "Dictatorship, Democracy and Development," ***American Political Science Review*** 87(3), 1993.

Orlin, Ben, ***Math with Bad Drawings: Illuminating the Ideas that Shape our Reality***. New York: Black Dog & Leventhal Publishers, 2018.

Pape, Robert, ***Dying to Win: The Strategic Logic of Suicide Terrorism***, New York: Random House, 2006.

Pierson, Paul, "Increasing Returns, Path Dependence, and the Study of Politics," ***American Political Science Review*** 94(2), 2000.

Pinker, Steven, ***Stuff of Thought: Language at a Window into Human Nature***, New York: Penguin Books, 2008.

Pinker, Steven, Martin Nowak, James Lee, "The Logic of Indirect Speech," ***PNAS*** 105(3), 2008.

Popovic, Srdja, ***Blueprint for Revolution: How to Use Rice Pudding, Lego Men, and Other Nonviolent Techniques to Galvanize Communities, Overthrow Dictators, or Simply Change the World***, New York: Spiegel & Grau, 2015.

Powell, Robert, "Absolute and Relative Gains in International Relations Theory," ***American Political Science Review*** 85(4), 1991.

Reno, William, ***Warlord Politics and African States***, New York: Lynne Rienner Publishers, 1999.

Riker, William H., ***The Theory of Political Coalitions***, New Haven: Yale University Press, 1962.

Roeder, Philip G., ***Red Sunset: the Failure of Soviet Politics***, Princeton, NJ: Princeton University Press, 1993.

Roland, Gerard, ***Transition and Economics***, Cambridge: MIT Press, 2000.

Rosen, Sherwin, "Economics of Superstars," ***The American Economic Review***, 71(5), 1981.

Ross, Michael, "Does Oil Hinder Democracy?" ***World Politics*** 53(April), 2001.

Sageman, Marc, ***Leaderless Jihad***, Pennsylvania: University of Pennsylvania Press, 2008.

Sakwa, Richard, ***Soviet Politics in Perspective***, London: Routledge, 1989.

Schapiro, Leonard, ***The Communist Party of the Soviet Union***, New York: Random House, 1959.

Schattschneider, Elmer E., ***The Semisovereign People: A Realist's View of Democracy in America***, Belmont, California: Wadsworth Publishing, 1975.

Schelling, Thomas, ***The Strategy of Conflict***, Cambridge: Harvard University Press, 1960.

Schelling, Thomas(1978), ***Micromotives and Macrobehavior***, New York: W.W. Norton and Company.

Shadmehr, Mehdi, "Extremism in Revolutionary Movement," ***Games and Economic Behavior*** 94(C), 2015.

Shirk, Susan, ***The Political Logic of Economic Reform in China***, Berkeley: University of California Press, 1993.

Shleifer, Andrei, and Robert W. Vishny, "Corruption," ***Quarterly Journal of Economics*** 108(3), 1993.

Skocpol, Theda, ***State and Social Revolutions***, Cambridge: Cambridge University Press, 1979.

Snidal, Duncan, "Relative Gains and the Pattern of International Cooperation," ***American Political Science Review*** 85(3), 1991.

Solnick, Steven L., ***Stealing the State: Control and Collapse in Soviet Institutions***, New York: Cambridge University Press, 1998.

Strom, Kaare, "A Behavioral Theory of Competitive Political Parties," ***American Journal of Political Science*** 34(2), 1990.

Sun, Yan, "Reform, State, and Corruption: Is Corruption Less Destructive in China Than in Russia?" ***Comparative Politics*** 32(1), 1999.

Sunstein, Cass R., ***Going to Extremes: How Like Minds Unite and Divide***, Oxford: Oxford University Press, 2009.

Svolik, Milan W., ***The Politics of Authoritarian Rule***, Cambridge: Cambridge University Press, 2012.

Svolik, Milan W., "Polarization versus Democracy," ***Journal of Democracy*** 30(3), 2019.

Taleb, Nassim, ***The Black Swan: The Impact of the Highly Improbable***, New York: Random House, 2007.

Teiwes, Frederick C., "Normal Politics with Chinese Characteristics," ***The China Journal*** 45, 2001.

Thaler, Richard H., ***Misbehaving: The Making of Behavioral Economics***, New York: W.W. Norton & Company, 2015.

Thomas, Kyle A., Peter DeScioli, Omar Sultan Haque, and Steven Pinker, "The Psychology of Coordination and Common Knowledge," ***Journal of Personality and Social Psychology***, 107(4), 2014.

Tsebellis, George, ***Veto Players: How Political Institutions Work***, Princeton: Princeton University Press, 2002.

Tullock, Gordon, ***Autocracy***, Boston: Kluwer Academic Publishers, 1987.

Varian, Hal R., ***Intermediate Microeconomics: A Modern Approach***, New York: W.W. Norton and Company, 1999.

Walder, Andrew G., ***Communist Neo-Traditionalism: Work and Authority in Chinese Industry***, California: University of California Press, 1988.

Weber, Max, "Politics as a Vocation," in H.H. Gerth and C. Wright Mills (Translated and edited), ***From Max Weber: Essays in Sociology***, New York: Oxford University Press, 1946.

Weingast, Barry, "The Foundations of Democracy and Rule of Law," ***American Political Science Review*** 91(2), 1997.

Wilson, James Q. and George L. Kelling, "Broken Windows: The Police and Neighborhood Safety," ***The Atlantic Monthly*** (March), 1982.